AF565991

Petra Unterberger

Eine Handvoll Licht

Petra Unterberger

Eine Handvoll Licht

Spirituelle Begleitung für Sinnsucher:innen

52 x Impulse, Gedichte, Übungen

Tyrolia-Verlag · Innsbruck-Wien

Nachhaltige Produktion ist uns ein Anliegen; wir möchten die Belastung unserer Mitwelt so gering wie möglich halten. Über unsere Druckereien garantieren wir ein hohes Maß an Umweltverträglichkeit: Wir lassen ausschließlich auf FSC®-Papieren aus verantwortungsvollen Quellen drucken und verwenden Farben auf Pflanzenölbasis. Wir produzieren in Österreich und im nahen europäischen Ausland, auf Produktionen in Fernost verzichten wir ganz.

Mitglied der Verlagsgruppe „engagement“

Umschlaggestaltung: Tyrolia-Verlag, Innsbruck
Layout und digitale Gestaltung: Tyrolia-Verlag, Innsbruck
Herausgeberin: Aktion Familienfasttag der Katholischen Frauenbewegung Österreichs , www.teilen.at

Druck und Bindung: FINIDR, Tschechien
ISBN 978-3-7022-4210-7
E-Mail: buchverlag@tyrolia.at
Internet: www.tyrolia-verlag.at

Für meine Kinder und Enkelkinder,
von denen ich so viel lernen durfte

INHALT

Mai

Juni

Juli

August

September

eine handvoll licht
für den blick
in den eigenen brunnen
eine handvoll licht
für die worte
des lebens
eine handvoll licht
für die begegnung
mit dir
eine handvoll licht
für die stille sehnsucht

eine handvoll licht
das wünsche ich dir

VORWORT

Liebe Leserin, lieber Leser,

auf dem Umschlag sehen Sie das Altarbild der Konzilsgedächtniskirche der Pfarre Wien-Lainz. Die Erstkommunionmütter der Pfarre haben dieses Tuch nach einer Idee von Katrin Sas gestaltet. 15 Frauen kamen dafür ein Jahr lang Woche für Woche zusammen, um unter der fachlichen Leitung von Manuela Schlechter zu nähen. Viele Dreiecke – sie symbolisieren die Heilige Dreifaltigkeit – mussten zugeschnitten, gebügelt und zusammengenäht werden. Miteinander ist ihnen ein grandioses Werk gelungen. Jede durfte ihre Begabungen einbringen. Wer nicht nähen konnte, übernahm andere wichtige Aufgaben.

Die Patchworktechnik und die Entstehungsgeschichte des Tuches passen gut zum Inhalt meines Buches. Die bunten Farben und die kleinen Einzelteile aus wertvoller Seide stehen für meine bewegte Lebensgeschichte sowie für die verschiedenen Lebenserfahrungen, die Menschen in meinen Seminaren mit mir geteilt haben. Vielfältige Begegnungen und die daraus gewachsenen Zugänge zum Leben finden sich in diesem Buch wieder.

Zehn Jahre lang durfte ich den Grundkurs Bibel in der Diözese Innsbruck mit Albert Pichler begleiten. In mir, mit ihm und durch den Austausch mit den Teilnehmern und Teilnehmerinnen ist ein tiefer, vielfältiger und lebensdienlicher Zugang zur Bibel erwachsen, den ich mit Ihnen teilen möchte.

Meine pastoralpsychologische Ausbildung an der Uni Graz auf dem Hintergrund der Gestalttherapie und die Fortbildung in integrativer Tanz- und Bewegungstherapie bei Ursel Burek machten mir in besonderer Weise die leibliche Dimension der religiösen Sinnsuche und des Gebetes zugänglich. Sie zeigt sich in den diversen Übungsanleitungen, die auch als Audiodateien abrufbar sind. Ganzheitlich mit Leib und Seele können Sie sich auf die verschiedenen Angebote einlassen.

Sie sehen: Der Stoff, aus dem dieses Buch gewirkt ist, besteht aus vielen Einzelteilen – bunt und vielfältig wie das Altartuch in Wien-Lainz.

Es wirkt auch hinaus in die Welt: Das Honorar für mein Buch unterstützt Projekte der Katholischen Frauenbewegung Österreichs, die Frauen in Tansania, Indien, auf den Philippinen und in vielen anderen Ländern zu Bildung und Selbstbewusstsein verhelfen (Aktion Familienfasttag, www.teilen.at).

So darf ich Ihnen Woche für Woche eine *Handvoll Licht* anbieten, gesammelt aus ganz unterschiedlichen Lebenserfahrungen und Lebenszugängen.

GLÜCKSRITTER:IN ODER FRAGMENTE DES GLÜCKS

Am Neujahrstag sprechen wir einander Glück und Segen zu. Ein gesundes und vor allem glückliches Jahr soll es werden. Diese Zusage, dieser Wunsch macht schon deutlich, was wir eigentlich alle wissen: Glück ist nicht machbar, Glück kann man nicht herstellen oder mit viel Fleiß erringen. Die bekannte Literaturpreisträgerin Pearl S. Buck hat mich als junge Frau mit ihrer Trilogie „Die gute Erde", „Söhne" und „Das geteilte Haus" fasziniert. Ich habe diese ergreifende Geschichte über die Sehnsucht nach Glück eines einfachen Bauern und seiner Frau im China des 20. Jahrhunderts mehrere Male gelesen. Mit viel Fleiß und Sparsamkeit können sich Wang Lung und seine Frau O-lan wirtschaftlich emporarbeiten, doch ihre Sehnsucht nach dem großen Glück erfüllt sich nicht. Vieles zu besitzen und die eigenen Ziele zu erreichen, scheint also noch nicht glücklich zu machen. Wenngleich sich natürlich für den Moment ein unglaubliches Hochgefühl beim Erreichen von lang verfolgten Zielen einstellt. Das Zitat von Pearl S. Buck „Viele Menschen versäumen das kleine Glück, während sie auf das große vergebens warten" ist mir in diesem Zusammenhang ganz besonders in Erinnerung. Die kleinen alltäglichen Freuden wahrzunehmen scheint mir für ein geglücktes und

erfülltes Leben wesentlich zu sein. Die Verbundenheit und Vertrautheit mit der Natur, mit anderen Menschen, mit mir selbst und mit Gott sind gute Voraussetzungen, dass uns immer wieder Glücksmomente zufallen. Jemandem eine Freude zu bereiten oder einander Gutes zuzusagen, hinterlässt ein Gefühl des Glücks und macht uns zu Glücksrittern und Glücksritterinnen. Es stellt sich ganz unbeabsichtigt ein.

Für mich ist einander zu segnen eine besonders gute Art, sich gegenseitig Gutes zuzusagen. Im Aaronsegen aus dem Buch Numeri kommen viele Facetten des Wohlwollens und der Verbundenheit zum Ausdruck: „Gott segne dich und behüte dich. Gott lasse sein Angesicht über dich leuchten und sei dir gnädig. Gott wende sein Angesicht dir zu und schenke dir Frieden." (Numeri 6,25–26) Ich bin eher eine Freundin von spontan ausgedrückten, frei formulierten Zusagen wie „Der göttliche Sonnenschein möge dich wärmen“ oder „Sei beschützt und begleitet in dieser schweren Zeit“ oder „Die göttliche Geistkraft möge dich nähren und begleiten“. Wie auch immer ein Segenswunsch ins Wort gebracht wird, er drückt Verbundenheit, Wohlwollen und Zuneigung aus. Ein Text des französischen Schriftstellers Marcel Proust begleitet mich in diesem Zusammenhang schon seit vielen Jahren: „Lasst uns dankbar sein gegenüber Menschen, die uns glücklich machen. Sie sind liebenswerte Gärtner, die unsere Seele zum Blühen bringen.“

MEDITATION – SEGEN AM MORGEN

Stellen Sie sich locker und beckenbreit ans Fenster. Sie spüren den Boden unter Ihren Füßen. Achten Sie darauf, dass Ihre Knie nicht durchgestreckt, sondern locker und weich sind. Die Arme lassen Sie seitlich am Körper, die Handflächen drehen Sie nach außen. Ziehen Sie beide Hände mit ausgestreckten Armen seitlich nach oben bis in Schulterhöhe, die Handflächen zeigen dabei nach oben. Halten Sie kurz inne und spüren Sie die Spannung in den Armen. Anschließend ziehen Sie die Hände weiter nach oben bis über den Kopf. Sie schauen dabei zur Decke. Dehnen Sie nun Ihren Körper und stellen Sie sich auf die Zehenspitzen, Ihre Hände berühren sich. Legen Sie bei gestreckten Fingern Daumenspitze auf Daumenspitze und Zeigefingerspitze auf Zeigefingerspitze – die Handflächen zeigen dabei nach unten. Ziehen Sie die so verbundenen Hände vor Ihrem Körper nach unten bis zum Becken. Dort lösen Sie die Hände und beginnen die Übung von vorne. Beim Hinaufziehen der Hände atmen Sie ein, beim Hinunterziehen atmen Sie aus. Machen Sie eine kurze Atempause, bevor Sie neuerlich beginnen. Wiederholen Sie die Übung einige Male. Zum Abschluss falten Sie die Hände vor Ihrer Brust und verharren einige Zeit in dieser Haltung. Wenn Sie möchten, sprechen Sie die Worte: „Ich bin gesegnet. Ich möchte zum Segen für andere werden.“ Verbeugen Sie sich nun vor dem Tag und vor allem, was Ihnen begegnen oder zufallen wird. Nehmen Sie sich am Abend einige Minuten Zeit, um auf den vergangenen Tag zu schauen. Was war schön? Was ist Ihnen zugefallen? Worüber haben Sie sich gefreut? Schreiben Sie ihre Entdeckungen auf ein Blatt Papier. Sie können ein Danke-Tagebuch anlegen, in dem Sie so oft wie möglich Ihre „Fragmente des Glücks “ sammeln.

glücklich wer
die schönheit der natur sehen kann
glücklich wer
sich vom Leben überraschen lassen kann
glücklich wer
den tränen freien lauf lassen kann
glücklich wer
seine bedürftigkeit zeigen kann
glücklich wer
sein kann wie er und sie ist
glücklich wer
für frieden und gerechtigkeit eintritt
glücklich ja selig ist wer
gott raum gibt

***Gott, du Lebendige**, öffne meine Augen für die kleinen Freuden des Alltags. Gott, du Lebendige, öffne mein Herz. Gott, du Lebendige, segne mich und lass mich zum Segen für andere werden.*

UNTERGETAUCHT

„Petzi, komm, beeil dich, wir radeln ins Schwimmbad“, ruft mein um ein Jahr jüngerer Bruder. Petzi – das war mein Spitzname als Kind und ins Schwimmbad sind meine zwei Geschwister und ich im Sommer beinahe jeden Tag geradelt. Ich erinnere mich sehr gern an diese unbeschwerte Zeit zurück. Der Sprung ins Wasser, das Herumtollen und ganz besonders das Tauchen hat uns begeistert. Wer schafft wohl als Erster oder Erste eine ganze Länge, ohne Luft zu holen? Dieser Wettkampf hat uns zu immer größeren Distanzen animiert. Weniger gefallen hat mir, dass die größeren Buben sich immer wieder einen Spaß daraus machten, uns „Kleine“ unterzutauchen. Da kam es schon vor, dass wir wild zappelnd, ja beinahe panisch, darauf gehofft haben, dass der Angreifer endlich loslässt, um auftauchen zu können und nach Luft zu schnappen. Das befreiende Gefühl kommt jetzt noch auf, wenn ich daran denke.

Untergetaucht werden auch die Buchdrucker und Buchdruckerinnen am Ende ihrer Lehrzeit. In der Gautschfeier erhalten Sie nach bestandener Abschlussprüfung den Gautschbrief, dem ein kräftiges Un-

tertauchen in einem Fass mit Wasser vorangeht. In diesem Freisprechungsritual werden die Fehler der Lehrzeit abgewaschen und ein neues, selbstverantwortetes Berufsleben kann beginnen.

Sie denken jetzt vielleicht auch an Johannes den Täufer, der am Jordan die Menschen untergetaucht hat, um sie von ihren Sünden reinzuwaschen. Vielleicht haben die Getauften damals auch ein ähnlich befreiendes Gefühl beim Auftauchen empfunden wie ich als kleines Mädchen im Schwimmbad. Auch Jesus machte sich zu ihm auf den Weg. Doch Johannes, der in ihm „das Lamm Gottes, das die Sünde der Welt hinwegnimmt" erkennt, der ihn als den, der für eine gute, für eine rechte Ordnung einsteht, begreift, verweigert zunächst das öffentliche Versöhnungsritual. Doch dann gibt er dem Drängen Jesu nach. Jesus taucht ganz ein und unter im Wasser, dem Symbol für das Irdische. Der Himmel, das Symbol für das Göttliche, öffnet sich ihm. Himmel und Erde scheinen verbunden zu sein. Gottes Zuspruch „Du bist mein geliebter Sohn, an dem ich Gefallen gefunden habe" (Lukas 3,22) ermutigt und bestärkt ihn für den herausfordernden Weg durch die Wüste. Dort erkennt Jesus seine Berufung und beginnt im Anschluss mit seinem öffentlichen Wirken.

Die Taufe kann für uns auch ein Zeichen des Wohlwollens und des Zuspruchs Gottes sein. Denn wir dürfen uns geliebte Töchter und geliebte Söhne nennen. Befreit zu einem selbstverantworteten Leben. Ermutigt und gestärkt für die Wirrnisse und Herausforderungen im Leben darf jeder und jede von uns die persönliche Berufung entdecken und leben.

MEDITATION – GELIEBT

Richten Sie eine Kerze her, es darf auch gerne die Taufkerze sein. Suchen Sie sich einen angenehmen Platz in Ihrer Wohnung. Vielleicht einen feinen Sessel, eine Matte oder auch Ihr Bett.
Sie spüren Ihren Atem, wie er kommt und geht. Nun schließen Sie die Augen und gehen in Ihrer Vorstellung an den Jordan – an die Taufstelle Jesu. Sie sehen den Fluss und Sie sehen Johannes, wie er im Fluss steht. Sie sehen die vielen Menschen, die um ihn herum sind, sie alle sind zu ihm hinausgekommen. Schauen Sie sich um. Vielleicht können Sie Jesus auch entdecken – er geht langsam durch die Menschenmenge. Sie sehen, wie Jesus zu Johannes ins Wasser steigt. Die zwei sprechen miteinander. Dann taucht Johannes Jesus ganz unter – in das irdische Wasser.
Als Jesus wieder auftaucht, verändert sich die Stimmung: Sehen Sie nur, es wird heller, viel heller. Sie hören die Stimme aus dem Himmel. Sie hören die göttliche Zusage: „Du bist mein geliebter Sohn, an dir habe ich Gefallen gefunden." Verharren Sie einige Zeit in dieser Stimmung. Nehmen Sie Ihren Körper wahr – wie fühlt er sich an? Sie spüren wieder Ihren Atem, wie er kommt und geht. Sie spüren Ihre Unterlage und nun recken und strecken Sie sich, machen einen tiefen Atemzug

und öffnen Ihre Augen. Sie sehen sich um, Sie sehen die Kerze und entzünden sie und wiederholen mehrmals den Satz: „Ich bin geliebte Tochter Gottes“ oder „Ich bin geliebter Sohn Gottes“.

der heruntergekommene
menschgewordene
wird eingetaucht
in das wasser des lebens
schmutzig manchmal
gewaltig
und voller zerstörung
reißt ja zerreißt dieses
wasser des lebens
auch dich und mich
er der heruntergekommene
traut der stimme
„du bist mein geliebter sohn“
drum öffne dich
denn du und ich sind so wie er
geliebte
mitten im tohuwabohu
von heute und morgen

Gott, du Lebendige, *in deinem Sohn eröffnest du mir ein befreites Leben. Gott, du Lebendige, Vater und Mutter, du lässt mich aufatmen, denn geliebte Tochter/geliebter Sohn bin ich auf ewig.*

SUPPE AM HERD

Nach einer Rodelpartie oder einem langen Spaziergang im tief verschneiten Wald freue ich mich auf eine dampfend heiße Suppe. Beim Umrühren in meiner bunten Gemüsebouillon erinnere ich mich an die heiß begehrte Suppe mit klein aufgeschnittenen Frankfurter Würsteln in der Kindheit. Beim Schöpfen versuchte jedes Kind, so viele Würstel wie möglich zu „fischen“. Anschließend legten wir die errungene Beute sorgfältig am Tellerrand ab, um sie zum Schluss der Mahlzeit zu genießen.

Mein Leben scheint so ähnlich wie diese Suppe am Herd, mit jedem Umrühren kommt etwas anderes an die Oberfläche. Manchmal sind es die heiß begehrten Würstel, also die schönen und belebenden Zeiten in meinem Leben. Manchmal allerdings kommen auch die schweren und verletzenden Erfahrungen zum Vorschein – sie kochen auf, könnte man sagen, und schwimmen ganz oben und wollen gewürdigt werden.

Falls Sie Geschwister haben, wissen Sie, dass Kindheitserinnerungen sehr unterschiedlich sein können. Was dem einen Kind ganz unangenehm und lebensbehindernd im Gedächtnis geblieben ist, haben die anderen vielleicht gar nicht in Erinnerung oder sogar ganz anders. Und manchmal bekommt das Erlebte im Nachhinein eine neue lebensförderliche Bedeutung. Ich kenne das aus meiner eigenen Geschichte

sehr gut. Ich hatte eine sehr konflikthafte Beziehung zu meinem Vater und so manche Erinnerung machte mir immer wieder zu schaffen, sie kochte auf und brachte mich emotional auf Hochtouren. Als mein Vater schwer an Corona erkrankte, durfte ich mehrere Tage bei ihm im Krankenhaus sein, um ihn auf seinem letzten Weg zu begleiten. Wir haben nicht viel miteinander gesprochen, weil er immer wieder nach Atem ringend abbrechen musste. Und doch war ich meinem Vater mit seiner Lebensgeschichte sehr nahe. Es breitete sich so nach und nach eine neue ungewohnte Nähe zwischen uns aus. Ich konnte die erfahrenen Zurückweisungen von damals loslassen und so manche schöne Erinnerung ist aufgetaucht. Zeichen des Wohlwollens und der Fürsorge in schwierigen Zeiten wurden mir bewusst und ich hatte plötzlich eine neue Vaterbeziehung, ja eine neue und schönere Kindheit, die erfüllt war mit Dankbarkeit für so viele schöne gemeinsame Stunden.

Aus der Verbundenheit mit unseren Eltern, Großeltern und durchaus auch weiter zurück in der Ahnenreihe kann uns Kraft, Mut und Lebensenergie zufallen. Immer mehr Menschen machen sich auf, um die Familiengeschichte zu erforschen, den eigenen Stammbaum zu ergänzen und die Ahnenreihe so weit wie möglich nach hinten zu erkunden. Manchmal findet sich Überraschendes und Neues. So ergeht es mir auch, wenn ich den Stammbaum Jesu am Beginn des Matthäusevangeliums lese. Die Ahnenreihe wird dabei in dreimal vierzehn Generationen geteilt. Bei genauerem Hinsehen kann man drei wesentliche Abschnitte in der Geschichte des Volkes erkennen. Sie beginnt mit Abraham dem Stammvater in der ersten Reihe. In der zweiten Reihe findet sich König David und der Beginn des Königtums sowie dessen Ende im Exil. Und in der dritten Reihe geht es dann weiter durch die Zeit der Fremdherrschaft hin zu Jesus, der als Retter und Ziel des Heilsplans Gottes am Ende des Stammbaumes steht.

Überraschend und außergewöhnlich im Judentum ist die Erwähnung der vier Stammmütter: Tamar, Rahab, Rut und Batseba, die Frau des Urija. Mit ihnen werden vier Nichtjüdinnen und gesellschaftlich Außenstehende in das Heilshandeln Gottes mitaufgenommen. Erstaunlich finde ich auch, wie die vier Frauen durch ihr überraschendes Handeln heilvoll für das Volk gewirkt haben. So erlebt Tamar eine dramatische Geschichte mit ihren Männern, den Söhnen von Juda. Einer nach dem anderen verstirbt, ohne ihr die erhofften Kinder zu schenken. Der dritte Mann verweigerte ihr die Möglichkeit Mutter zu werden, indem er, wie es in der Bibel heißt, seinen Samen in die Erde fallen ließ. Und der vierte Sohn Judas wurde ihr vom Schwiegervater vorenthalten. Die Weitergabe des Lebens war damals die wichtigste Aufgabe der Frau und gleichzeitig ihre soziale Absicherung. Tamar war also in einer prekären Situation. Und so setzte sie sich an das Stadttor und bot sich ihrem Schwiegervater verkleidet als Prostituierte an. Sie wurde schwanger und konnte aufgrund ihrer weisen Voraussicht beweisen, dass Juda der Vater war. Mit Mut, List und Klugheit erkämpfte sie sich gesellschaftliche Anerkennung. Dass Tamar mit dieser doch sehr anrüchigen Geschichte in den Stammbaum Jesu aufgenommen wurde, ist wohl auch Zeichen dafür, dass die Jesusbewegung gesellschaftliche Grenzen überschreitet.

Der Höhepunkt findet sich dann in Maria, einem einfachen Mädchen, das bereit ist, Jesus in ihrem Leib aufzunehmen und in die Welt zu tragen.

IMPULS – AHNENREIHE

Versuchen Sie Ihren Stammbaum zu erstellen. Gehen Sie dann folgender Frage nach: Zu welchen Menschen spüren Sie eine besondere Nähe? Schreiben Sie nun alle Charaktereigenschaften, die Ihnen zu den betreffenden Personen einfallen, dazu.
Wer kann Ihnen Kraft, Mut und Lebensenergie geben? Gibt es Frauen in Ihrer Familiengeschichte, die durch ihr mutiges, vielleicht überraschendes Handeln dem Leben gedient haben?
Zum Abschluss können Sie sich vorstellen, dass alle Personen, die für Sie wichtig und voller Energie sind, hinter Ihnen stehen und Ihnen Kraft und Stärke geben.

vater und mutter nenn ich dich
tastend suche ich nach dir
bergend zärtlich zeigst du dich
deinen geist erbitte ich
du in mir das hoffe ich
vertrauen will ich ganz
meine schuld leg ich dir hin
und mein leid will ich vergessen
schöne stunden gab es viele
dankbar will ich sein dafür
in deiner spur versuche ich zu bleiben
und das reich der himmel erben

***Gott, du Lebendige**, dankbar schaue ich auf mein Gewordensein und auf alle Menschen, die mir Kraft, Liebe und Wohlwollen geschenkt haben. Gott, du Lebendige, segne mich und meine Stammväter und Stammmütter.*

UND GOTT HATTE GLÜCK

„Und Gott hatte Glück" – mit diesem Seminartitel machte ich vor einigen Jahren viele Menschen neugierig. Braucht Gott wirklich Glück und wenn ja, wobei?

In den biblischen Dokumenten finden sich viele spannungsreiche Geschichten Gottes mit den Menschen. Immer wieder, so meine ich, hatte *Gott* Glück und daraus folgten positive Schübe für die Entwicklung des Menschen und der Gesellschaft. Ich möchte dazu zwei bekannte biblische Erzählungen, die mich ganz besonders tief erreicht haben, mit Ihnen teilen.

In der ersten Geschichte wird uns von einem kleinen Jungen namens Samuel erzählt, der seinen Dienst in Schilo bei einem Priester namens Eli tut, unter dessen Aufsicht sich die Bundeslade, das große Heiligtum befindet. Von den Söhnen Elis wird nichts Gutes berichtet. Es heißt, sie seien nichtsnutzige Menschen, die sich an den Opfergaben der Gläubigen bereichern würden. Das Volk entfernt sich durch diese Umstände immer mehr von Gott. In 1 Samuel 3,1 heißt es dazu: „In jenen Tagen waren Worte des HERRN selten; Visionen waren nicht häufig." Man könnte auch sagen, Gott wird nicht mehr gehört oder erhört. Doch bei Samuel hat Gott Glück. In der Nacht hört der Junge eine Stimme: „Samuel!" Er steht sofort auf und läuft zu Eli, doch dieser hat ihn nicht

gerufen. Er schickt ihn wieder schlafen. Erst beim dritten Anruf erkennt Eli die Stimme Gottes und rät Samuel, auf diese Stimme zu hören. Beim vierten Ruf Gottes erhört Samuel Gott, der ihm eine unbequeme Vision beschert. Soll er doch seinem Lehrmeister übermitteln, dass Unheil über seine Familie kommen wird, weil seine Söhne im Wissen des Vaters gotteslästerlich gesprochen und gelebt haben. Und Samuel nimmt all seinen Mut zusammen und spricht vor den Menschen über das drohende Unheil. Er wird so zum gottverbundenen Propheten und führt das Volk von der nomadisch geprägten Richterzeit in die Königszeit, indem er Saul zum ersten König salbt. Ein großer Kulturwandel findet statt. *Gott hatte Glück* – Samuel hat ihn erhört und mit Hilfe Elis gelernt, auf das Gehörte zu vertrauen.

Die zweite Erzählung, die ich mit Ihnen teilen möchte, handelt von Hagar. Sie ist die Sklavin von Sara, der Frau des Stammvaters Abraham. Hagar hat einen Sohn mit Abraham: Ismael. Aus Eifersucht wird Hagar mit ihrem Kleinkind vom Haus Abrahams mit einem Schlauch voll Wasser und etwas Brot weggeschickt. Ziellos irren sie in der Wüste umher und als das Wasser zu Ende geht, legt sie das schreiende Kind unter einen Strauch und setzt sich in einiger Entfernung weinend hin. Sie kann nicht mitansehen, wie ihr Kind stirbt. In ihren Tränen lässt Hagar zunächst einmal all ihre Vorstellungen und Hoffnungen los. Sie spürt ihre Bedürftigkeit und sieht keinen Ausweg aus der Situation. Doch plötzlich hört die Verzweifelte eine Stimme: „Was hast du, Hagar? Fürchte dich nicht, denn Gott hat die Stimme des Knaben gehört, dort, wo er liegt. Steh auf, nimm den Knaben hoch und halt ihn fest an deiner Hand; denn zu einem großen Volk will ich ihn machen." (Genesis 21,17–19) Gott öffnete ihr die Augen und sie erblickte einen Brunnen. Hagar kann der Stimme Gottes vertrauen. Sie und ihr Sohn Ismael überleben. *Gott hatte Glück* – er wurde gehört und erhört und ein Leben in Fülle hat sich für die beiden eröffnet.

Die Texte zeigen zwei unterschiedliche Erfahrungen von Menschen und ihrer Gottverbundenheit. Während bei der ersten Erzählung ein ganzes Volk unter der religiösen Führung leidet und taub wird für die Stimme Gottes, geht es in der zweiten Erzählung zuerst einmal um ein Einzelschicksal. Bei beiden Dokumenten dient das Gehörte und Erhörte dem Überleben einzelner Menschen oder eines ganzen Volkes. Ein erstes wichtigstes Erkennungszeichen, ob es sich nun tatsächlich um die Stimme Gottes handelt, ist wohl an die Frage geknüpft, ob das Gesagte, das Gehörte dem Leben dient. Reich Gottes ereignet sich immer da, wo Menschen bereit sind, den Weg der Liebe und des Wohlwollens zu erkennen.

IMPULS – ACHTSAMKEIT

Seien Sie in dieser Woche wach und achtsam da. Hören Sie auf den Ruf des Lebens – in der Natur, im Mitmenschen und in sich selbst. Nehmen Sie sich am Abend jedes Tages fünf Minuten Zeit und schreiben Sie unzensiert alles nieder, was Ihnen einfällt. Am Ende der Woche lesen Sie das Geschriebene. Achten Sie auf Wiederholungen und markieren Sie diese. Wenn ein Thema oder eine Formulierung immer wieder kommt, ist das ein Hinweis darauf, dass es sich um etwas für Sie Wichtiges handelt . Nun versuchen Sie, daraus einen kurzen Text, vielleicht zwei bis drei Sätze zu schreiben. Und lesen Sie die Sätze immer wieder.

ein leises glück
ganz zärtlich und so voller liebe
tritt es beinahe unbemerkt in diese welt

es wächst und wächst
in der tiefen geborgenheit
monat um monat

um dann durch den engen weg
in die welt zu kommen
und zu strahlen

offen für das leben
offen für die liebe
offen für die freude

verbunden mit allem
entbunden zum leben
wird es mehr und mehr es selbst

so wie es von anfang an gedacht
dieses wunder, dieses glück
MENSCH

Gott, du Lebendige, *offen möchte ich sein für das, was in meinem Leben werden soll. Gott, du Lebendige, offen möchte ich sein für die Zeichen in der Natur, für die Mitmenschen und für mich selbst. Gott, du Lebendige, hörend möchte ich bleiben und deinem Wort in mir vertrauen. Gott, du Lebendige, mutig möchte ich sein im Umsetzen des Erkannten.*

DEM WESENTLICHEN AUF DER SPUR

Es ist der 2. Februar, 40 Tage nach Weihnachten – das Fest Maria Lichtmess. Es ist der Tag, an dem die Krippe abgebaut wird. Wehmütig nehme ich die Krippenfiguren eine nach der anderen in die Hand und wickle sie sorgfältig in Seidenpapier.

Ich erinnere mich an einen Besuch beim bekannten Axamer Bildhauer und Krippenschnitzer Josef Zeisler. Beim Eintreten in sein Atelier kommt mir der herrliche Zirbenduft entgegen. Ich bin überwältigt von den vielen unterschiedlichen Figuren. Jede scheint eine Seele zu haben. Die ausdrucksstarken Gesichter und die vielen kleinen Details in der Anatomie der Körper faszinieren mich. Wieviel Einfühlungsvermögen und Liebe zum Menschsein braucht es wohl, um solche Figuren zu schnitzen? Der Grundstoff ist ja für alle gleich, ein Stück Holz. Durch gezielte Schnitte wird es mehr und mehr in die gewünschte Form gebracht und das Wesentliche kommt zum Vorschein. In den biblischen Erzählungen finden wir auch Personen, deren Wesensmerkmale – man könnte auch sagen deren Wesenskern – prägnant und deutlich herausgearbeitet sind. Ich habe nun beinahe alle Krippenfiguren eingewickelt. Nur noch die Könige fehlen. Mit wenigen Worten werden sie im Matthäusevangelium bedacht. Die Weisen aus dem Morgenland, also Menschen aus der gebildeten Oberschicht, lassen sich vom Stern der

Sehnsucht zum Geschehen nach Bethlehem führen – vorbei am römischen Machtzentrum des Herodes. Sie erkennen die Gefahr, die von ihm ausgeht, zu spät und kehren nach einem wegweisenden Traum auf einem anderen Weg in ihr Land zurück. Sie lernen ihrer Intuition und nicht nur der Wissenschaft zu vertrauen und bekommen so einen tieferen Einblick in die Wirklichkeit. Die Weisen erkennen im Kind den „neuen König". Sie bringen die wertvollen und bedeutungsvollen Geschenke Gold, Weihrauch und Myrrhe. Sie geben das, was sie haben, und sie beten das neugeborene Kind an. Sie scheinen tief spirituelle Menschen zu sein, Menschen die tiefer sehen und erkennen. Die Weisen vertrauen dem, was sich ihnen zeigt, man könnte auch sagen, sie werden zu Glaubenden.

KREATIVÜBUNG – FARBEN UND FORMEN

Nehmen Sie ein großes Blatt Papier oder ein etwas stärkeres Zeichenblatt. Setzen Sie den Stift an einer beliebigen Stelle auf das Papier und ziehen Sie, ohne abzusetzen, Linien auf das Papier. Ändern Sie dabei mindestens zehnmal die Richtung. Nun holen Sie Farbstifte, Wachskreiden, Fingerfarben oder auch Wasserfarben und malen je nach

Laune und Befinden einzelne Felder, die durch das Kreuzen der Linien entstanden sind, mit unterschiedlichen Farben aus. Wenn Sie Wachskreiden oder Fingerfarben verwenden, können Sie die Farben mit dem Finger verwischen und kommen damit noch mehr mit Ihrem Werk in Berührung. Wenn Sie fertig sind, nehmen Sie sich Zeit, Ihr Werk zu betrachten. Widerstehen Sie dabei der Versuchung, es mit schön oder weniger schön zu bewerten. Lassen Sie sich von den Farben und Formen, die Sie zum Ausdruck gebracht haben, beeindrucken. Welche Farben sprechen Sie an? Was können Sie erkennen? Was fällt Ihnen ein, wenn Sie auf Ihr Werk blicken? Zum Abschluss geben Sie Ihrem Kunstwerk einen Titel. Wenn Sie möchten, können Sie das Bild an einer gut sichtbaren Stelle aufhängen.

sorgfältig in seidenpapier
eingewickelt
jahr für jahr
an besonderen tagen
hervorgeholt
ent-wickelt
und immer wieder neu
glänzende augen
der erwartung
gänsehaut vielleicht
staunendes erschaudern von damals
und ein unbestimmter raum
der zugehörigkeit
zum großen ganzen eröffnet sich

***Gott, du Lebendige**, führe mich zum Wesentlichen in mir, zu dem, was meinem Wesen entspricht. Gott, du Lebendige, lass mich dem trauen, was sich mir eröffnet und schenke mir einen wohlwollenden und liebevollen Blick auf mein Inneres.*

LEBENSFREUDE

Singen, tanzen, fröhlich sein, sich vielleicht maskieren und gemeinsam feiern gehört unbedingt zum Fasching. Ich erinnere mich sehr gerne an die verschiedenen Kostüme und Masken, die in meiner Kindheit von meiner Mutter und später dann von mir selbst angefertigt wurden. Die Vorbereitungen, die vielen Näh- und Bastelstunden waren mindestens so aufregend und schön wie das erwartete Faschingsfest.

Die Vorfreude auf eine Familienfeier oder einen Ball hebt bereits unsere Stimmung. Man könnte sagen: Sie stimmt uns darauf ein. Ausgelassen feiern, miteinander lachen und sich freuen ist nicht nur schön, sondern baut nachweislich Stress ab und macht glücklich.

Im Johannesevangelium erfahren wir, dass auch Jesus mit seinen Jüngern und Jüngerinnen zu einer besonderen Feier geladen war. Doch bei diesem Hochzeitsfest in Kana ging, wie wir wissen, der Wein, der vor allem für die Lebensfreude steht, aus. Maria erkennt die Notsituation, wird jedoch zuerst von Jesus abgewiesen. Sie jedoch gibt den Dienern den Auftrag: „Tut, was er euch sagt." Ich bewundere ihre Hartnäckigkeit. Und tatsächlich, Jesus gibt die Anweisung. „Füllt die Krüge mit Wasser! Und sie füllten sie bis zum Rand. Er sagte zu ihnen: Schöpft jetzt und bringt es dem, der für das Festmahl verantwortlich ist!“ (Johannes 2,7–8). Sechs große steinerne oder auch irdene Krüge waren es. Sie stehen wohl für das Irdische, werden mit dem Lebenselixier Wasser gefüllt und verwandeln sich in sehr guten Wein oder, anders gesagt, in neue Lebensfreude, die ihren Ursprung in der tiefen Verbundenheit mit Gott hat.

IMAGINATION – DAS FEST

Suchen Sie sich einen angenehmen Platz in Ihrer Wohnung – vielleicht einen feinen Sessel, eine Matte oder auch Ihr Bett. Achten Sie

darauf, dass Sie gut und angenehm liegen bzw. sitzen. Verwenden Sie ein Polster oder auch eine Decke. Wenn Sie möchten, können Sie auch eine leise Meditationsmusik einschalten.
Sie schließen nun die Augen und gehen mit Ihrer Aufmerksamkeit ganz nach innen. Dabei konzentrieren Sie sich auf Ihren Atem, der kommt und geht. Mit jedem Atemzug strömt das Leben in Sie hinein. Der Atem kommt und geht ganz in Ihrem Tempo. Spüren Sie nun, wie der Atem Ihren Brust- und Bauchraum weitet. Beim Ausatmen geben Sie Ihr Gewicht an den Boden ab. Der Boden, der Sie trägt und Ihnen Sicherheit gibt. Mit jedem weiteren Ausatmen geben Sie noch etwas von Ihrem Gewicht an den Boden ab und werden dabei weit und weich. Lassen Sie anschließend den Atem in Ihre Beine fließen und auch da überlassen Sie mit jedem Ausatmen das Gewicht dem Boden, der Sie trägt. Sie werden weich und weit. Das wiederholen Sie nun mit Ihren Armen, mit Ihrem Schulterbereich und mit Ihrem Kopf. Achten Sie auf Ihre Zunge, öffnen Sie Ihren Mund leicht – die Zunge liegt entspannt in Ihrem Mund.
Lassen Sie nun Ihren Lieblingsraum vor Ihrem inneren Auge entstehen. Das kann ein realer Raum sein oder auch einer, der sich gerade in diesem Augenblick entwickelt. Schauen Sie sich in Ihrem Raum um. Es ist ein Kleid für Sie vorbereitet. – Können Sie es sehen? Wenn ja, gehen Sie hin, schauen Sie sich dieses Kleid an und wenn es für Sie passt, können Sie es anziehen. Machen Sie sich nun auf den Weg zu einem besonderen Fest. Sie hören schon von Weitem die Musik und das Lachen der Menschen. Freude kommt in Ihnen auf – Vorfreude. Betreten Sie nun den Festsaal. Schauen Sie sich um. Was fällt Ihnen auf? Was gefällt Ihnen? Wen können Sie erkennen? Sie spüren Leichtigkeit und Lebens-

freude. Wenn Sie möchten, können Sie tanzen. Breiten Sie die Arme aus und nehmen Sie die gute Stimmung, das Lachen und die Freude, die Musik und die Bewegung in Ihr Herz auf. Genießen Sie den Augenblick. Nun ist es langsam wieder Zeit, das Fest zu verlassen. Sie können, wenn Sie möchten, jederzeit an diesen Ort zurückkehren. Gönnen Sie sich noch einen letzten Blick zurück. Sie spüren nun wieder den Boden, der Sie trägt, und den eigenen Atem – wie er kommt und geht. Sie können sich recken und strecken. Wenn Sie so weit sind, öffnen Sie die Augen. Schauen Sie sich um in Ihrem vertrauten Raum. Lassen Sie sich Zeit und spüren Sie der Erfahrung, die Sie gerade gemacht haben, nach.

und gott lachte

mitten in der hektik
des tages
verschütteter Kaffee
vergessene termine
o weh
und GOTT lachte mit mir
und plötzlich
ich weiß nicht wie
so heiter
so leicht
so glanzvoll
irgendwie
war alles was wichtig
das krumme

verbogene
unfertig gewordene
heilsam und richtig
drum lach ich mit GOTT
die mir mutter und vater
und SIE lacht mit mir

***Gott, du Lebendige**, schenke mir Humor und Lebensfreude. Schenke mir in stressigen Situationen die Fähigkeit zu lachen und andere mit meinem Lachen anzustecken.*

SCHLÜSSEL ZUM LEBEN

Schlüssel zum Leben: Gibt es die und, wenn ja, wie und wo sind sie zu finden?

Als Kind hat mich das Märchen der Gebrüder Grimm vom goldenen Schlüssel sehr fasziniert und gleichzeitig enttäuscht. Da musste ein armer Junge mitten im Winter hinaus in die Kälte, um Holz zu holen. Nachdem er alles auf den Schlitten aufgeladen hatte, wollte er sich noch ein Feuer machen, weil er so fror. Er kratzte den Schnee zur Seite und fand dabei einen kleinen goldenen Schlüssel. Er war überzeugt, wo ein Schlüssel ist, da musste auch ein Schloss sein und so grub er

mit bloßen Händen weiter, um dann tatsächlich ein kleines Schatzkästchen zu finden. Nach langem Suchen entdeckte er ein winziges Schlüsselloch, steckte den Schlüssel hinein und drehte den Schlüssel herum. Doch dann kam zu meiner Enttäuschung: „Und nun müssen wir warten bis er den Deckel ganz geöffnet hat, dann werden wir erfahren, welche wunderbaren Schätze drin verborgen liegen." Das Märchen schien mir wie ein Geheimnis, das erst noch entschlüsselt werden muss.

Heute glaube ich, dass diese Geschichte der *Schlüssel zum Leben* sein könnte. Ein goldener Schlüssel – der einem einfach zufällt, ein kaum sichtbares Schlüsselloch, das erst mühsam gesucht werden muss und ein wunderbarer Schatz, der zuerst einmal verborgen bleibt, bis der Deckel ganz geöffnet ist.

In manchen biblischen Texten finden wir am Beginn einen Leseschlüssel, der uns den Text neu erschließen kann. Das gelingt, wenn wir so wie im Märchen das kleine, auf den ersten Blick nicht sofort sichtbare Schlüsselloch finden und uns dann Zeit lassen, um die Schätze des Lebens zu entdecken. So sagt Gott in Exodus 20,2 „Ich bin dein Gott, der dich aus dem Land Ägypten geführt hat, aus dem Sklavenhaus." Und dann folgen die uns allen bekannten zehn Gebote. Er ist ein Gott, der die Menschen in die Freiheit geführt hat und jeden Tag neu führen will, weil „die Sehnsucht Gottes der lebendige Mensch ist", um es mit den Worten des hl. Augustinus auszudrücken. Um der Freiheit willen sind wir also eingeladen, nach diesen Geboten zu leben. Damit wir nicht Sklaven und Sklavinnen im eigenen Haus werden, sind sie uns anvertraut. Sie helfen uns, unabhängig zu bleiben, und schützen uns vor Verstrickungen und Verwicklungen in unseren Beziehungen. Sie können, man könnte sagen, ein Schlüssel zum Leben werden, dessen Schätze sich erst nach und nach entwickeln, bis, so wie es im Märchen heißt, der Deckel ganz geöffnet ist.

BILDBETRACHTUNG – SCHLÜSSEL

Ich lade Sie in dieser Woche zu einer Bildbetrachtung ein. Was sehen Sie auf dem Bild auf Seite 39? Versuchen Sie bei dem zu bleiben, was sichtbar und beschreibbar ist. Nun lassen Sie das Bild auf sich wirken. Welche Gefühle sind da? Was eröffnet dieser Schlüssel? Was befindet sich hinter der Tür? Welche Schlüsselerlebnisse fallen Ihnen ein? Wer war Ihnen Schlüssel im Leben und für wen sind Sie Schlüssel gewesen? Vielleicht erinnern Sie sich an eine Erfahrung, bei der sich Ihnen das

Göttliche eröffnet hat oder an einen Schlüsseltext aus der Bibel, der Sie schon lange begleitet. Sie können Ihre Entdeckungen niederschreiben und während der Woche immer wieder lesen. Am Sonntag können Sie, wenn Sie möchten, das Erkannte in den Gottesdienst mitnehmen und vor Gott bringen.

wo ist der schlüssel
für den innersten raum
wo die herzhaut
dünn und verletzlich
wo begegnung und liebe
freundschaft und solidarität
in fülle wohnen
wo ist der schlüssel
ausgesperrt so oft
aus angst vor verletzung
zugesperrt in vermeintlicher sicherheit
eingesperrt der seelenschmerz
wo ist der schlüssel
zum leben
wahrhaftig und ganz
im vertrauen auf IHN – den CHRISTUS

Gott, du Lebendige, *offen möchte ich sein für die Schlüssel in meinem Leben. Gott, du Lebendige, schließe mich auf und schenke mir Mut und Kraft für meine Innenräume.*

RECYCELT BETEN

In meiner Zeit als Patoralassistentin haben mich immer wieder Menschen gefragt: „Wie kann ich heute meine Gottverbundenheit in Form von Gebeten ins Wort bringen?“ Diese Frage drückt schon aus, dass Beten zuallererst ein Beziehungsgeschehen ist. Die oder der Betende nimmt Kontakt mit sich selbst und mit Gott auf.

Ich habe noch gelernt, beim Beten die Hände zu falten. Erst später in meiner Ausbildung zur Lebens- und Sozialberaterin habe ich auf dem Hintergrund der Gestalttherapie erkannt, wie wesentlich diese Haltung ist. Im Falten der Hände verbinde ich mich mit mir selbst, bin zentriert und ganz wach im Augenblick. Ich bin also bereit dazu, meine Befindlichkeiten, meine Nöte, meine Hoffnungen, meinen Dank und meine Bitten ins Wort zu bringen.

Im Laufe der Geschichte haben sich verschiedene Gebetsformen entwickelt. So finden wir im ersten Testament den Schatz der Psalmen: 150 Lieder, in denen es Lob, Dank, Klage und Bitte ganz selbstverständlich geben darf. Die ganze Bandbreite menschlichen Fühlens von der Verzweiflung bis hin zum Vertrauen findet darin Platz. Sie werden Generation für Generation neu entdeckt und *recycelt*. Die Psalmen sind damit bis heute eine Schule des Betens und ermutigen uns, dies authentisch zu tun.

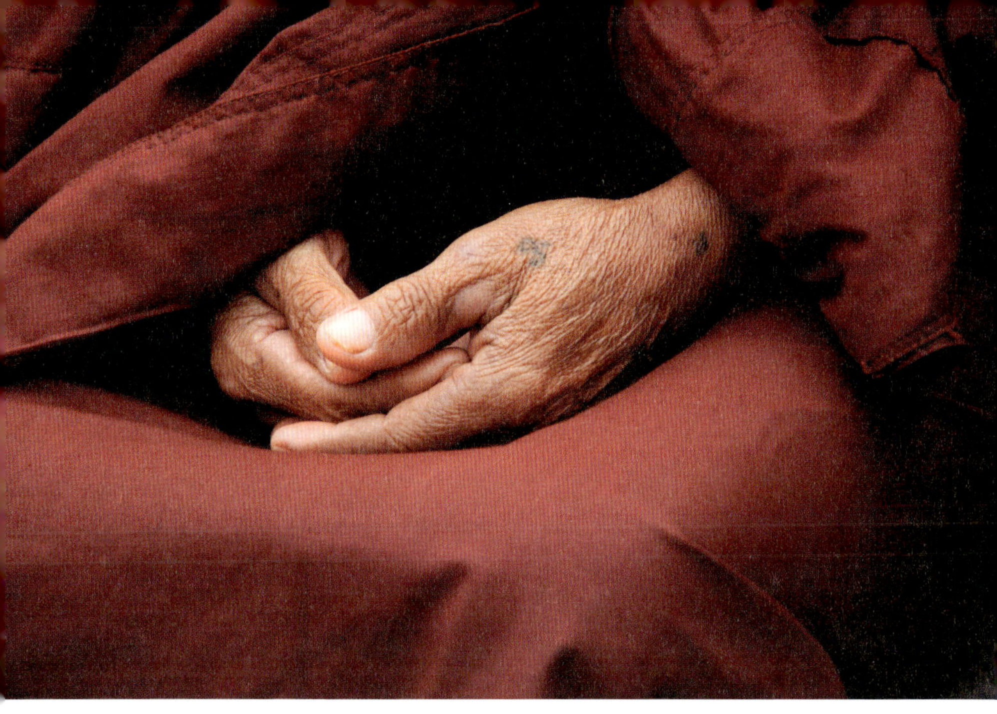

Auch Jesus zieht sich immer wieder an einen einsamen Ort zurück, um zu beten, um mit seinem Abba, Vater, ins Gespräch zu kommen. In Lukas 13 bitten ihn schließlich seine Jünger und wohl auch Jüngerinnen: „Lehre uns beten!“ Der Sehnsucht nach einer neuen Gebetsform geht also das Vorbild Jesus voraus. Das Vaterunser (ich bete: „Vater und Mutter unser“) wurde von Beginn an gebetet. Wir verbinden uns in diesem Gebet mit der Glaubenserfahrung der Christen und Christinnen vieler Generationen und wir beten es vor allem mit Jesus, dem Christus. Im „Vater bzw. Mutter unser“ können wir unsere Gottverbundenheit gemeinsam ins Wort bringen. In diesen Gebetstraditionen spiegelt sich die Gottsuche und die Gottverbundenheit der Menschen zu unterschiedlichen Zeiten wider. Manchmal empfinden wir die Sprache antiquarisch, doch bei genauerem Hinhören entfaltet sich auch heute ihre spirituelle Tiefe.

IMPULS – GEBETSHALTUNG

Probieren Sie verschiedene Gebetshaltungen aus: im Bett liegend, auf einem Sessel sitzend, am Boden auf einem Sitzpolster sitzend, stehend oder auch kniend. Versuchen Sie verschiedene Handhaltungen, wie zum Beispiel die Hände zu einer Schale formen, die Arme weit ausbreiten oder die Hände falten. Achten Sie darauf, was sich in Ihrem Leib tut. Was empfinden Sie als angenehm? Wo spüren Sie eher einen Widerstand?
Unterschiedliche Gebetsformen verlangen vielleicht auch nach verschiedenen Körper- und Handhaltungen. Versuchen Sie, vorgeformte traditionelle Gebete aus dem reichen Schatz der Kirche oder auch moderne Texte ins Wort zu bringen, auszusprechen. Manchmal bedarf es auch keiner Worte und die Stille, die Meditation, das Sich-Gott-Hinhalten, das Sich-Bereithalten und Warten auf das, was er in uns spricht, ist für Sie das Richtige.

du gott
liebhaberin des lebens
öffne meine lippen
einmischen will ich mich
unterdrückung
ausbeutung und missbrauch
will ich mutig benennen

du gott
liebhaberin des lebens
öffne meine lippen
mitmischen will ich
in gesellschaft, kirche und politik
meine erfahrungen, mein wissen
und meine widerstände
will ich zur sprache bringen
du gott
liebhaberin des lebens
öffne meine lippen
aufmischen möchte ich
strukturen und haltungen
die nicht dem leben dienen
visionen von einer gewandelten erde
will ich mit anderen teilen
du gott
liebhaberin des lebens
öffne meine lippen

Gott, du Lebendige, *achtsam möchte ich sein. Hören möchte ich dein Wort in der Welt von heute. Gott, du Lebendige, höre du mich, erhöre du mich.*

DER LECH UND GOTT

Vielleicht haben Sie auch schon von einem der schönsten Weitwanderwege, dem Lechweg, gehört. Er beginnt in Vorarlberg und führt über Tirol nach Füssen in Südbayern.

Ich durfte mich vor einigen Jahren mit einer Gruppe auf dieses besondere Erlebnis einlassen. Beeindruckt vom smaragdgrün schimmernden Formarinsee und der dahinterliegenden Roten Wand machten wir uns auf zum Ursprung des Flusses Lech. Aus unzähligen kleinen Felsspalten der Formarinalpe sprudelt er zwischen den Gräsern glasklar und eiskalt hervor. Dieses unbeschreibliche Naturschauspiel ist mir bis heute lebhaft in Erinnerung. Über prachtvoll blühende Almwiesen mit Enzianen und Almrosen schlängelt sich der kleine Bach, noch Formarinbach, hinunter, bis er sich mit dem Spullerbach vereinigt und so zum Lech wird. Naturbelassen darf er sich den Weg durchs Tal suchen. Die beeindruckende Wildflusslandschaft lässt mich und meine Begleiter und Begleiterinnen staunen. Der Lech scheint die Lebensader des Tals zu sein.

Im heißen Land der Bibel spielt das Wasser eine ungleich größere Rolle als im wasserreichen Tirol. Es ist dort knapp und ein sorgsamer Umgang damit ist überlebenswichtig. Auf diesem Hintergrund bekommen die biblischen Texte, in denen Gott als die Quelle des Lebens beschrieben wird, existenzielle Bedeutung. „Denn bei dir ist die Quelle

des Lebens, in deinem Licht schauen wir das Licht“, betet der Psalmist voller Überzeugung im Psalm 36,10.

Der Prophet Jeremia hingegen beklagt, dass sich das Volk den fremden Göttern der Nachbarvölker zuwendet und den Quell des lebendigen Wassers, also Gott, verlässt. Mit den Worten: „Denn mein Volk hat doppeltes Unrecht verübt: Mich hat es verlassen, den Quell des lebendigen Wassers, um sich Zisternen zu graben, Zisternen mit Rissen, die das Wasser nicht halten.“ (Jeremia 2,13) Ein sehr sprechendes Bild, da eine Zisterne selbst gebaut ist und das abgestandene Wasser nicht auf Dauer halten kann. Wenn ich da an die sprudelnden Quellen des Lech denke, die Tag für Tag frisches, glasklares, ja lebendiges Wasser hervorbringen, könnte der Unterschied *nicht größer* sein.

Guido Baltes, evangelischer Pfarrer und Dozent für Neues Testament, hat vor Kurzem in der Zeitschrift Israelnetz sehr treffend bemerkt: „Wer mit Gott als Quelle verbunden ist, kann am Strom des Lebens teilhaben.“ Im Psalm 1 finden wir dazu den Hinweis, dass der weise Mensch, also jener, der auf die Weisungen Gottes hört, wie ein Baum ist, der an Bächen voll Wasser gepflanzt ist. Auch hier drückt ein für das wasserarme Israel starkes Bild aus, wie die Verbundenheit mit Gott Leben in Fülle ermöglicht. Auch uns können äußerliche Erfahrungen in der Natur einladen, tiefer zu blicken und so die dahinterliegende Wirklichkeit, die wir Gott nennen, zu erahnen.

NATURBETRACHTUNG – AN DER QUELLE

Machen Sie sich auf die Suche nach einem kleinen Bach. Falls Sie keinen in Ihrer Nähe haben, schließen Sie die Augen und lassen Sie eine kleine Quelle oder einen Bach vor Ihrem inneren Auge entstehen. Atmen Sie mehrmals tief ein und langsam wieder aus. Setzen Sie sich – tatsächlich oder imaginär – ans Ufer. Sie hören das leise Plätschern und beobachten die feinen Wasserperlen in der Luft. Vielleicht scheint ja gerade die Sonne, dann können Sie sich den Lichtspiegelungen im Wasser hingeben. Wenn Sie möchten, können Sie den Psalmvers „Denn bei dir ist die Quelle des Lebens, in deinem Licht schauen wir das Licht“ einige Male wiederholen.

Bleiben Sie, solange es Ihnen guttut, und verneigen Sie sich zum Abschluss vor Gott, der Lebendigen, die in der sprudelnden Quelle erahnbar wird.

stetig sprudelt
eine quelle
klar und rein
in dir
doch so oft verschüttet
zugeschüttet unbemerkt
von dem vielen
wollen - sollen – müssen
bleibst du durstig
vertrocknet leise
dir das leben
deshalb pflüge deinen boden
jeden tag aufs neue
und die quelle
sie wird sprudeln
deine erde tränken
und dich nähren
tag für tag

Gott, du Lebendige, *du bist meine Quelle, bist mein Urgrund, der mir Sicherheit und Halt gibt. Gott, du Lebendige, auf dich will ich vertrauen.*

FRÜHJAHRSPUTZ

Meine Oma und meine Mutter haben die Tradition des Frühjahrsputzes noch sehr ernst genommen. Und so wurde Anfang März das ganze Haus gründlich gereinigt. Ich bin bei Weitem keine so perfekte Hausfrau wie meine Vorgängerinnen. Allerdings kenne ich den Impuls, plötzlich alles um-, aus- und einzuräumen, eben Ordnung zu schaffen, und zwar nicht nur in meiner Wohnung, sondern auch in meinem Inneren.

Der Beginn der Fastenzeit, also die Zeit zwischen Aschermittwoch und Ostersonntag scheint mir dafür besonders gut geeignet. Ich habe für mich entdeckt, wie hilfreich dabei der Verzicht auf Nahrung sein kann. Seit vielen Jahren biete ich deshalb eine Fastenwoche in Elbigenalp nach Buchinger an. „Eine Auszeit für Körper, Geist und Seele" nenne ich sie. Dabei geht es weniger ums Abnehmen. Es ist vielmehr ein bewusster Weg der körperlichen, seelischen und geistigen Reinigung. Die körperliche Vorbereitung beginnt dabei schon eine Woche vorher mit Verzicht auf Fleisch, Alkohol und Koffein. Jedes Jahr erschrecke ich von Neuem, wie abhängig mein Körper wieder von Kaffee geworden ist. Er reagiert mit Kopfschmerzen auf den Entzug. Rosmarintee verschafft mir da Erleichterung. In dieser Phase ist es ganz wichtig, viel zu trinken. Die Fastenwoche beginnt dann mit einer Darmentleerung. Ab da verzichten wir auf feste Nahrung. Tee, Gemüsebrühe und Gemüse-

säfte und die täglichen Leberwickel entgiften den Körper und machen ihn zunehmend freier von diversen Abhängigkeiten. Gleichzeitig können wir dabei auch innere Vorurteile und Unfreiheiten erkennen.

In der biblischen Tradition finden wir bei Mose, Elija und auch bei Jesus ein 40-tägiges Fasten in der Wüste, in der Leere, an dem Ort der Gottesbegegnung. Bei allen geht es letztlich darum, innerlich frei zu werden für die Begegnung mit Gott, die verbunden ist mit der Bereitschaft nach innen zu hören.

Abhängigkeiten werden in der biblischen Sprache oft als *Dämonen* bezeichnet, sie loszuwerden ist wohl eine immer wiederkehrende Aufgabe. Das Fasten ist eine von mehreren Möglichkeiten, im Inneren

Raum zu schaffen für die Botschaft des Evangeliums, für Vertrauen, Hoffnung und Dankbarkeit.

KÖRPERÜBUNG – ANSPANNEN UND LOCKERLASSEN

Suchen Sie einen Platz in Ihrer Wohnung, an dem Sie genug Bewegungsfreiheit haben. Ziehen Sie Ihre Schuhe aus. Stehen Sie beckenbreit mit lockeren Knien und spüren Sie Ihren Atem – wie er kommt und geht. Achten Sie dabei auf Ihren Körper: Wie fühlt er sich heute an? Was ist angenehm? Wo spüren Sie eine Spannung oder vielleicht sogar Schmerzen? Wie fühlt sich der Boden unter Ihren Füßen an? Und wo haben Ihre Füße Bodenkontakt?
Ziehen Sie nun die Schultern mehrmals nach oben, halten Sie sie dort einige Sekunden und lassen dann wieder locker. Drehen Sie die Handinnenflächen nach hinten und ziehen Sie Ihre gestreckten Arme nach vorne bis auf Schulterhöhe. Dabei lassen Sie Ihre Hände weich und ohne Muskelanstrengung hängen. Stellen Sie nun Ihre Hände auf und stellen Sie sich eine Glaswand vor, an der Ihre Hände langsam und mit Anspannung nach unten streichen. Beim Hinaufziehen der Arme atmen Sie ein, beim Hinunterziehen atmen Sie aus. Unten angekommen machen Sie eine kurze Atempause, um dann die Übung von Neuem zu beginnen.
Wiederholen Sie die Übung einige Male. Zum Abschluss lenken Sie Ihre Aufmerksamkeit wieder auf Ihren Atem und achten wie zu Beginn auf Ihren Körper und darauf, wie er sich jetzt anfühlt. Mit einem tiefen Atemzug beenden Sie die Übung.

der weizen reif
die ernte nah
brot für viele
gebiert die erde
alles meins
schreit da so mancher
hortet es
und brot verdirbt
wie einst das manna
in der wüste
achtlos weggeworfen
stinkt es zum himmel
hungrig bleiben da die vielen
hingegeben und geteilt
werden alle satt
heute
morgen
jeden tag

Gott, du Lebendige, *ich möchte frei werden von den verschiedenen Abhängigkeiten. Gott, du Lebendige, frei möchte ich sein für die Worte des Evangeliums. Gott, du Lebendige, begleite mich in meinem Bemühen, in der Spur der Liebe zu bleiben.*

DIE KRAFT DER WÜRDE

Zu Beginn der Vorbereitungszeit auf Ostern lade ich Sie ein, der Kraft der Würde nachzuspüren.

Sie stimmen mir sicher zu, dass jeder Mensch wertvoll ist und das Recht hat, sich frei zu entfalten. Im deutschen Grundgesetz und in der österreichischen Verfassung heißt es dazu: „Die Würde des Menschen ist unantastbar." Die Würde jedes Menschen sei zu achten und zu schätzen und eine Benachteiligung aufgrund von Geschlecht, Alter, Bildung, Religion, Herkunft oder Aussehen sei nicht rechtens, heißt es sinngemäß weiter. Gleichzeitig muss die Würde immer wieder aufs Neue verteidigt werden. In unserem Alltag mangelt es im Umgang miteinander und im Verhalten uns selbst gegenüber oft an Würde. Da werden Menschen sozial ausgegrenzt oder am Arbeitsmarkt ausgebeutet. Die soziale Ungleichheit, die ungleiche Behandlung aufgrund des Geschlechtes und körperliche und seelische Gewalt verletzen unsere Würde.

Ich habe mich gefragt, ob es wohl möglich ist, unsere verletzte oder vielleicht sogar verlorene Würde wiederzugewinnen. Dabei ist mir der Jesaja Text eingefallen: „Ich habe dich beim Namen gerufen, du gehörst zu mir! Weil du in meinen Augen teuer und wertvoll bist und weil ich dich liebe." (Jesaja 43,1.4) Diese Zusage ermutigt und stärkt. Sie ist an keine Bedingungen geknüpft. Sie erinnert mich an meine königliche

Berufung aus der Taufe. Gleichzeitig kenne ich – und Sie vermutlich auch – den Schmerz und das Leid einer tiefen Kränkung und die Scham nach einer Erniedrigung oder Abwertung. Der Psychotherapeut Silvester Walch weist in seinem Buch „Vom Ego zum Selbst" immer wieder darauf hin, dass unser Ego, man könnte sagen unsere äußere Schicht, gekränkt und verletzt werden kann.

Und dann kennen wir von vielen Mystikern und Mystikerinnen die Erfahrung eines innersten Seelenkerns, der unverletzlich ist, in dem die Würde steckt. Zu diesem Kern hat niemand sonst Zugang – ein heiler und geheiligter Ort. Und so bin ich überzeugt, dass uns niemand unsere Würde nehmen kann. Wir können zwar in unserem Ego verletzt werden und uns kann der Schmerz darüber tief treffen, aber letztlich dürfen wir darauf vertrauen, teuer und wertvoll zu sein, ein Leben lang.

KÖRPERÜBUNG – UMARMT

Setzen Sie sich ganz aufrecht auf die Stuhlkante. Sie spüren Ihren Atem, der kommt und geht. Sie spüren den Boden unter Ihren Füßen. Kippen Sie das Becken leicht nach vorne und dann wieder langsam zurück. Dabei wird Ihr Rücken rund. Wiederholen Sie das einige Male. Anschließend kreisen Sie langsam Ihre Schultern – zuerst einige Male nach vorne und dann nach hinten. Legen Sie nun eine Hand auf den Unterbauch und eine Hand aufs Herz und spüren Sie so Ihren Atem. Nun richten Sie sich erneut auf. Falten Sie Ihre Hände und legen Sie diese zwischen Ihre Oberschenkel, dabei drücken Sie die beiden kleinen Finger fest aneinander. Beim Einatmen ziehen Sie die gestreckten und gefalteten Hände nach oben – über Ihren Kopf. Mit dem Ausatmen führen Sie die Hände zum Herzen, beim neuerlichen Einatmen strecken Sie die Arme in die Weite nach rechts und links und mit dem nächsten Ausatmen umarmen Sie sich selbst. Bleiben Sie einige Zeit in der Umarmung. Wiederholen Sie die Übung insgesamt dreimal. Zum Abschluss umarmen Sie sich lange und spüren Ihren Körper. Sie sitzen nun in Ihrer Würde, falten die Hände und verneigen sich vor Ihrem Menschsein, in Wertschätzung vor den anderen, vor allem, was Ihnen wichtig ist, und vor Gott.

schöne seele du
leuchtest weit
über die grenze
deines seins
schöne seele du

berührst ganz sanft
und weitest dich
schöne seele du
in ehrfurcht verneige ich mich
dankbar und berührt

Gott, du Lebendige, *lass mich aufrecht und aufrichtig im Leben stehen. Lass mich meine Würde spüren, damit ich wertschätzend und voller Zuneigung für andere und für mich selbst da sein kann. Segne mich und lass mich für andere zum Segen werden.*

WÜRDE UND VERANTWORTUNG

Vor einigen Jahren entdeckte ich eine besondere Märchenpuppe in der drei Figuren – Rotkäppchen, Wolf und Großmutter – vereint sind! Durch Drehen und Wenden erscheinen die unterschiedlichen Gestalten. Faszinierend! In einer Figur werden drei wesentliche Seiten des Menschseins sichtbar. Das Rotkäppchen verkörpert dabei das unschuldige Kind, die Großmutter die Weisheit und der Wolf, der im Märchen beide frisst, die aggressiven, dunklen und unberechenbaren Eigenschaften, auch Schattenseiten genannt. Alle drei Seiten finden wir auch in uns – mehr oder weniger ausgeprägt, wobei wir die Wolfsseite am ehesten ablehnen.

Das unschuldige Kind in uns erfährt immer wieder Kränkungen und Verletzungen. Und manchmal, wenn wir gerade nicht in der Lage sind, zu verarbeiten oder auch zu verzeihen – zum Beispiel in der Kindheit oder weil die Zeit fehlt, das Geschehene zu besprechen –, entwickelt sich im Untergrund die Wolfsseite in uns. Wir kämpfen dann sehr oft erfolglos dagegen an. Immer wieder kommt die ungeliebte Eigenschaft, manchmal sehr subtil, zum Vorschein. Die Erzählung vom heiligen Franz von Assisi und dem Wolf von Gubbio scheint mir da sehr hilfreich zu sein. Der Heilige tritt dem Wolf entgegen und schließt Freundschaft mit ihm. Sein liebevoller Blick auf die Bedürfnisse des Wolfes zähmt das Tier. Die Wolfsseite in uns braucht auch einen liebevollen Blick und Verständnis für die dahinterliegenden Bedürfnisse, für die hungrig gebliebene Seite. Wird diese erkannt und genährt, muss der Wolf in uns das unschuldige Kind und die weise Gestalt nicht so wie im Märchen fressen. Die eigenen Schattenseiten anzuerkennen und die „Kellerkinder", also jene Seiten, die nicht dazugehören durften, zu befreien, kann uns helfen, freier und vor allem liebevoller zu werden.

KÖRPERÜBUNG – WACHKLOPFEN

Setzten Sie sich auf die Stuhlkante, aufrecht mit geradem Rücken. Sie kommen ganz im *Jetzt* an, indem Sie sich auf Ihren Atem konzentrieren: Auf den Atem, der kommt und geht, den Atem, der Sie belebt. Dann beginnen Sie mit dem Wachklopfen der linken Körperhälfte, indem Sie mit der rechten flachen Hand vorne an der linken Handoberfläche zu klopfen beginnen. Machen Sie weiter über die äußere Seite des Arms bis hinauf zur Schulter. Über das Schulterblatt klopfen Sie heftiger und dann etwas sanfter an der Innenseite Ihres Armes herunter, um dann wieder an der Außenseite hoch zu gehen. Anschließend klopfen Sie sanft über das Schlüsselbein, streichen über Ihren Hals, um dann beim Brustbein – dem Sitz der Thymusdrüse – anzukommen. Verwende Sie nun Ihre Faust und klopfen Sie leicht dagegen. Das erinnert Sie vielleicht an das *mea culpa* (lat. meine Schuld), das beim Schuldbekenntnis der katholischen Messfeier gesprochen wird. Und tatsächlich wird durch dieses Klopfen die Drüse aktiviert und wir werden wacher und aufmerksamer. Die Energie fließt und die Stimmung hebt sich. Anschließend klopfen Sie mit beiden Handflächen sanft auf Ihren Bauch, streicheln sich dann über Ihren Rücken. Stehen Sie nun auf und klopfen Sie heftiger auf das Gesäß und danach an der Außenseite Ihres linken Beines hinunter, über die Ferse und die Fußspitzen zur Fußinnenseite – dort etwas weniger intensiv. Klopfen Sie an der Innenseite des Beines hinauf zu Ihrem Geschlecht, von da sanft und zart zum Bauch hinauf. Nun wiederholen Sie das Ganze mit der linken Hand auf der rechten Seite. Anschließend klopfen Sie mit den Fingerspitzen vorsichtig auf Ihren Kopf – wie ein zarter Regen. Streichen Sie dann mehrmals mit

beiden Händen zart über Ihr Gesicht, um dann über den Hals und die Brust beim Bauch anzugelangen. Zum Abschluss legen Sie Ihre Hände auf Ihren Bauch, schließen die Augen und spüren sich und Ihre Körpergrenzen.
Impulsfragen: Welche Seiten sind in mir hungrig geblieben? Wie kann ich sie nähren? Wer kann mich dabei unterstützen?

den wolf in mir
ich mag ihn nicht
so aggressiv und laut
zerstreut er mich
und ich
ich renn davon
doch frag ich mich
und heut auch dich
soll ich ihm diese macht
entziehen
indem ich freundschaft
mit ihm schließe
und seine kraft
zum leben nutze
das scheint mir klug
und was denkst du?

Gott, du Lebendige, *schenke mir Geduld und Wohlwollen für meine Bedürfnisse.*

AUFBLÜHEN

Die Tage werden länger und das Frühjahr kommt mit zaghaften Schritten. Nach der Winterruhe beginnt es langsam zu tauen und die ersten Frühlingsboten finden den Weg zum Licht.

Vielleicht ist die Versöhnung eine Möglichkeit für uns, einen Weg zum „Aufblühen" zu finden, so wie die ersten Frühlingsboten; die Versöhnung mit meinen Mitmenschen und mit mir selbst; die Versöhnung mit dem, was ich an mir nicht mag; die Versöhnung mit meinem Leib und mit meiner Geschichte. Die Sehnsucht nach einem friedvollen Leben, nach Verbundenheit scheint in unserer DNA zu liegen. Gleichzeitig kennen wir wohl alle die große Herausforderung, dieses Miteinander zu gestalten. Es kommt immer wieder zu Konfliktsituationen in der Familie, in der Partnerschaft, bei Freundschaften oder am Arbeitsplatz. Melanie Wolfers schreibt dazu: „Die tiefsten Wunden in unserem Leben sind Beziehungswunden." Doch wie kann es gelingen, diese Kränkungen zu überwinden? Wie kann es gelingen, den erlittenen Schmerz loszulassen? Wie kann es gelingen, zu verzeihen – den anderen und ganz oft auch mir selbst? Der erste Reflex ist ja, zunächst mich und meine Wunde zu schützen. In der Natur finden wir das zum Beispiel bei Bäumen, die eine klaffende Wunde im Stamm mit dem selbst produzierten Baumharz, auch Pech genannt, verschließen. Dabei entsteht eine harte Kruste.

Die bekannte Bibelstelle vom verlorenen Sohn in Lukas 15 (Gleichnis vom barmherzigen Vater) zeigt uns einen ähnlichen Mechanismus. Der jüngere Sohn in der Geschichte bittet um sein Erbe, zieht weg, verprasst sein Geld und kehrt reumütig heim. Statt ihn zu maßregeln, richtet der Vater vor Freude ein großes Fest für ihn aus. Der ältere Sohn sieht sein beständiges Dasein für den Vater nicht gewürdigt und es gelingt ihm vorerst nicht, am Fest teilzunehmen. Zu sehr hängt er an der erlittenen Kränkung. Er fühlt sich zu wenig gesehen, er erlebt zu wenig Anerkennung für sein Tun und verschließt seine Wunde mit einer harten Abweisung und mit Widerstand. Dabei nimmt er sich selbst das von allen Menschen heiß ersehnte Dazugehören.

So wie in der Natur das Pech Wärme benötigt, um sich wieder zu verflüssigen, braucht auch die Wunde in uns Zuwendung und Wohlwollen von uns selbst oder von einem achtsamen, liebevollen Menschen. Dieser Prozess ist alles andere als leicht. Der Schmerz von damals kommt wieder hoch und es ist eine große Herausforderung, der Versuchung nicht noch einmal zu erliegen und neuerlich mit Abwehr und Widerstand zu reagieren. Sehr oft fließen dabei Tränen des Schmerzes und der Reinigung. Sie sind heilsam und Wegbereiterinnen für die Versöhnung, die mitunter mehrere Anläufe braucht.

IMPULS – HEILSAME SALBE

Wenn Sie möchten, können Sie selbst eine Pechsalbe herstellen – aus drei Teilen Olivenöl und einem Teil Baumharz von Lärche, Tanne oder Fichte. Bitte seien Sie achtsam beim Entfernen des Harzes, damit der Baum nicht neuerlich verletzt wird. Legen Sie das Harz in einen Baumwollbeutel oder in einen Teefilter und hängen Sie diesen in ein feuerfestes Gefäß mit dem Olivenöl. Wenn Sie möchten, können Sie Rosmarin, Kamille, Schafgarbe oder auch Ringelblumen dazugeben. Nun erhitzen Sie das Ganze langsam im Wasserbad. Nach circa einer dreiviertel Stunde können Sie den Harzbeutel herausnehmen und das Öl abseihen. Geben Sie nun noch auf je 100 g Olivenöl ca. 15 g Bienenwachs dazu und rühren Sie die Masse, bis sie erkaltet ist. Fertig ist die heilsame Pechsalbe.

RÄUCHERRITUAL

Nehmen Sie einige Weihrauchkörner, die – wie Sie vermutlich wissen – aus Baumharz gewonnen werden. Legen Sie sie auf eine brennende Kohle. Wenn Sie keine Kohle zur Hand haben, legen Sie ein Stück Silberfolie auf eine Duftlampe, stellen eine Kerze darunter und legen den Weihrauch darauf. Der Rauch steigt auf, verbunden mit Ihrer Sehnsucht nach Versöhnung. „Wie Weihrauch steige mein Gebet zu dir auf", heißt es im Psalm 141,2.

herz voll liebe
ganz berührbar
wird verletzt
angst und furcht
herztür zu
eingeschlossen – eingeengt
verkrampft und hart
kein zutritt
unberührbar – bitter?
ohne frieden
bleibt allein
einbruch gottes – unerwartet!
haucht sie neu geschenktes leben
geistin – ruach
öffnet herzraum
für das leben und die liebe

Gott, du Lebendige, *nimm all meinen Widerstand und meine Angst vor dem erlittenen Schmerz von mir. Sei du an meiner Seite auf dem Weg zu Frieden und Versöhnung.*

HERZFLÜSTERN

Das eigene Herz schlägt Tag und Nacht meist ganz regelmäßig. Bei größeren Anstrengungen spüren Sie es etwas heftiger und schneller in Ihrer Brust pochen. Das Herz ist ein zentrales und lebenswichtiges Organ und versorgt unseren Körper mit Blut und damit mit Lebensenergie. Gleichzeitig kennen wir die Vorstellung, dass das Herz der Ort des Guten im Menschen ist. Man könnte auch sagen, im Herzen wohnt das Göttliche, das sich in lebensförderlichen Haltungen und Handlungen zeigt. Gleichzeitig ist das Herz auch ein Symbol für die Liebe. Ein Gott, der sich aus Liebe und Zuneigung immer wieder den Menschen zuwendet, findet sich auch im sogenannten neuen Bund im Buch Jeremia. Ich lade Sie ein, den folgenden Text mehrmals zu lesen:

> *So wird der Bund sein, den ich nach diesen Tagen mit dem Haus Israel schließe – Spruch Gottes: Ich habe meine Weisung in ihre Mitte gegeben und werde sie auf ihr Herz schreiben. Ich werde ihnen Gott sein und sie werden mir Volk sein. Keiner wird mehr den andern belehren, man wird nicht zueinander sagen: Erkennt Gott!, denn sie alle, vom Kleinsten bis zum Größten, werden mich erkennen – Spruch Gottes. Denn ich vergebe ihre Schuld, an ihre Sünde denke ich nicht mehr.* (Jeremia 31,33–34, statt HERR wurde hier das Wort „Gott“ benutzt.)

BIBELBETRACHTUNG – INS HERZ GESCHRIEBEN

Unterstreichen Sie die Textstellen, die Ihnen guttun, im Bibeltext auf Seite 65 mit roter Farbe. Anschließend lesen Sie die rot markierten Wörter mehrmals laut und lauschen dem Klang der eigenen Stimme. Wiederholen Sie das mehrmals und wählen Sie dann drei Worte aus. Prägen Sie sich diese gut ein. Schließen Sie nun die Augen und gehen Sie mit Ihrer Aufmerksamkeit zu Ihrem Herzen. Sie können den eigenen Puls spüren. Danach wiederholen Sie Ihre Worte und lassen sie sozusagen ins Herz fallen. Lassen Sie sich Zeit. Achten Sie darauf, wie

Ihr Körper reagiert. Lassen Sie Ihr Herz flüstern. Vielleicht bildet sich ein neues Wort oder ein Satz in Ihnen? Wenn das so ist, nehmen Sie es dankbar an. Anschließend öffnen Sie die Augen. Schreiben Sie Ihr ursprüngliches Wort und Wörter, die wichtig wurden, groß auf ein A4-Blatt. Hängen Sie es an einem Ort auf, an dem Sie mehrmals täglich vorbeikommen, z. B. Kühlschrank, Pinnwand oder Toilettentür.
Sie können diese Übung auch mehrmals in der Woche wiederholen und die Wörter und Sätze sammeln.

wie ein stiller raum
bereit zu empfangen
wartest du mir
wohlwollend und freundlich
gleichzeitig
quillt die glucksende lebendigkeit
aus allen zellen
und berührt mein herz
dahinter leise
der hauch des göttlichen
der alles umfängt

Gott, du Lebendige, *still möchte ich werden und auf die Worte in meinem Herzen möchte ich hören.*

FUSSSPUREN DER LIEBE

Wer kennt sie nicht, die bunten Palmbuschen und die damit verbundene Fröhlichkeit der Menschen? Ich stelle mir vor, wie Jesus auf einem Esel reitend mit seinen Jüngern und Jüngerinnen in Jerusalem einzieht. Ein buntes und hoffnungsvolles Geschehen. Die Menschen legen ihre Kleider auf die Straße, um einen persönlichen „roten Teppich" für ihn auszurollen. Jubelnd und fröhlich begleiten sie ihren König, den König, der auf Machtinsignien verzichtet; einen, dem die Liebe zu den Menschen und die Verbundenheit zu seinem Abba wesentlich sind. Ich rufe mit der Menge „Hosanna dem Sohn Davids! Gesegnet sei er, der kommt im Namen Gottes. Hosanna in der Höhe!" und erinnere mich an die ursprüngliche Bedeutung von Hosanna: „Bring doch Hilfe!"

Was so fröhlich beginnt, findet im Johannesevangelium am Gründonnerstag mit der Fußwaschung beim Letzten Abendmahl seinen ersten Höhepunkt. Jesus deutet die Handlung als Verbundenheit zu ihm und gleichzeitig als Beispiele, wie die Jünger und Jüngerinnen miteinander umgehen sollen. Spannend finde ich den Dialog mit Petrus, der sich verweigert, ist doch das Waschen der Füße Sklavendienst. Doch Jesus besteht darauf: Er muss diesen Dienst an Petrus tun. Dem Wort „Gottesdienst" kommt von daher eine neue Bedeutung zu: Es handelt sich wohl auch um den Dienst Gottes an uns Menschen! Dieser

Gedanke mag vielleicht zuerst einmal neu und ungewöhnlich sein. Ein Gott, der an mir, an uns, seinen Dienst tut. Damit verweist uns die Fußwaschung auf unsere Bedürftigkeit und die Feier der heiligen Messe bekommt einen geschenkhaften und, wie der Pastoraltheologe Paul Zulehner meint, auch einen „gefährlichen" Charakter. Denn wer sich ganz auf die Feier einlässt, gerät in Gefahr, gewandelt zu werden – und kann nicht so weitermachen wie vorher.

Auf dem Jakobswerg durch Frankreich wurde mir und der ganzen Gruppe in Lascabanes, nahe Montcuq, in der Eucharistiefeier eine besondere Erfahrung zuteil. Der dortige Priester wusch allen Pilgern und Pilgerinnen vor der Feier die Füße und erinnerte uns damit nicht nur an unsere Bedürftigkeit, sondern auch an den großen Liebesdienst, zu dem wir aufgerufen sind.

KÖRPERÜBUNG – FUSSMASSAGE

Sie kennen vielleicht die wohltuende und heilende Wirkung der Fußreflexzonentherapie. Sie basiert auf der Erkenntnis, dass alle Organe, ja alle Bereiche unseres Körpers, über die Nervenbahnen mit den Füßen verbunden sind. So kann man mit einer feinen Fußmassage den ganzen Leib berühren.

Achten Sie auf eine feine und ungestörte Atmosphäre mit angenehmer Musik. Gönnen Sie sich vor der Massage ein entspannendes Fußbad. Nach dem achtsamen Trocknen ist die Haut weich und der Fuß gut durchblutet und somit perfekt vorbereitet für eine Wohlfühlbehandlung. Verwenden Sie dazu großzügig duftendes Massageöl oder einen guten Fußbalsam. Wenden Sie nun Ihre ganze Aufmerksamkeit Ihren Füßen zu. Sanft massieren Sie vom oberen Fuß über die Ferse, den Mittelfuß bis zu den Zehen. Verweilen Sie immer wieder kreisend an einer Stelle und erkunden somit Ihren Fuß.

Lassen Sie sich von Ihrem Körper führen: Tun Sie das, was sich gut anfühlt, solange wie es richtig erscheint. Zum Schluss streifen Sie den Fuß vom Knöchel beginnend mit beiden Händen bis über die Zehen hinaus einige Male achtsam aus und ziehen einen Socken über den behandelten Fuß. Anschließend wenden Sie sich Ihrem zweiten Fuß zu. Zum Abschluss stehen Sie auf, schließen die Augen und spüren Ihre Füße und den Kontakt zum Boden.

Sie können diese Massage auch mit Ihrem Partner bzw. Ihrer Partnerin oder mit einem Freund bzw. einer Freundin vollziehen.

ALLE versammelt
um den einen tisch
die, die bis zum hals
im dreck stecken
die saubermänner
die, die durch den sumpf
des lebens waten
sie ALLE haben anteil
an dem einen brot
sie ALLE haben anteil
am wein des lebens
sie ALLE werden
von der liebe
berührt, gewaschen und getrocknet
bis zu den füßen

Gott, du Lebendige, *leibhaftig stehe ich vor dir, gehe ich mit dir, bete ich mit dir. Gott, du Lebendige, alles haben zu wollen, kaufen und besitzen zu wollen, lege ich ab von mir. Gott, du Lebendige, meine Wut, auch die muss raus. Leer will ich vor dir nun werden. Fülle du mich neu und lass mich das Leben im Licht der Liebe schauen*

AUFBRUCH IN DEN MORGEN

5.00 Uhr morgens, es ist dunkel, die Sterne leuchten und die Reste der Nacht klingen noch nach. Die Luft ist frisch und belebend. Es hat eine besondere Qualität am frühen Morgen aufzubrechen. Die Dunkelheit, die mich geheimnisvoll umhüllt, schenkt eine eigenartige Form von Geborgenheit. Es ist ruhig auf den Straßen. Der größte Teil der Menschen liegt noch im warmen Bett und schläft. In die Stille zu lauschen, den eigenen Herzschlag zu hören und eine tiefe Verbundenheit mit der Natur zu spüren, wirkt beruhigend. Meine Atemzüge sind regelmäßig und tief. Langsam erwacht die Umgebung. Das sanfte Licht der Morgendämmerung eröffnet einen weichen Blick auf den neuen Tag und auf das Leben.

Von Maria Magdalena wird uns erzählt, dass sie am frühen Morgen auf dem Weg zum Grab unterwegs ist. Wie mag es ihr wohl ergangen sein? Sie, die Jesus eine treue und liebevolle Begleiterin bis zum Kreuz war, ist die Erste beim Grab. Es ist noch dämmerig, nicht nur weil die Sonne noch nicht aufgegangen ist, sondern auch weil es in Maria Magdalena selbst dunkel ist. Die Trauer um ihren *Rabbuni*, ihren Meister, ist groß. Und dann die entsetzliche Entdeckung: Das Grab ist leer. Nicht einmal der Leichnam scheint ihr geblieben zu sein. Schnell läuft sie zurück und holt die beiden Jünger Petrus und Johannes. Petrus geht ins

Grab und sieht die Leinenbinden. Von Johannes wird uns erzählt, dass er „sah und glaubte“ (Johannes 20,8) – besser scheint mir da die Übersetzung er „sah und vertraute“. Und dann gehen die Jünger wieder nach Hause – ganz nüchtern. Doch Maria Magdalena bleibt. Tränen der Trauer fließen und öffnen ihre Augen für das Neue. Beim neuerlichen Blick ins Grab sieht sie zwei Engel, die wohl ein Symbol für das Göttliche sind. Und dann wendet sie sich um und sieht Jesus, ohne ihn zu erkennen. Er wird für sie in einer neuen, bisher unbekannten Form erfahrbar. Der Klang seiner Stimme, die Art und Weise, wie er ihren Namen ausspricht, ist unverwechselbar und Maria begreift. Sie möchte ihn berühren, vielleicht sogar festhalten und muss erkennen, dass Jesus unverfügbar und frei ist. Maria Magdalena wird im Johannesevangelium die erste Verkünderin der frohen Botschaft: „Jesus lebt!“ Er ist ganz neu für seine Jünger und Jüngerinnen, erfahrbar bis zum heutigen Tag.

KÖRPERÜBUNG – AUFSTEHEN

Aufstehen – jeden Morgen neu aufstehen, den Schlaf aus den Augen reiben, das Fenster öffnen und die frische Morgenluft spüren. Die Augen schließen und in die Stille hören. Breiten Sie die Arme weit aus und begrüßen Sie so den Morgen. Ein neuer Tag wartet auf Sie.

ihr jünger jesu
von den frauen
wachgerüttelt
aufgescheucht aus dem schlaf
dem traum entrissen und losgerannt
ihr jünger jesu
unglaubliches hat sich getan
das grab ist leer
der bisher gekannte fort
von diesem ort
…
petrus das oberhaupt
äußerliches wahrgenommen
und gegangen
der lieblingsjünger
sah hindurch mit seinen herzensaugen
und kam zum glauben
ihr jünger jesu heute
die frauen rütteln so wie damals
euch oft vergebens aus dem schlaf

wacht auf!
ihr jünger jesu heute
unglaubliches kann sich ereignen
wer mit den herzensaugen schaut
denn er der auferstandene CHRISTUS
leuchtet hindurch
berührt und führt

***Gott, du Lebendige**, berührbar möchte ich sein bis in mein Herz hinein. Gott, du Lebendige, wach und aufmerksam möchte ich sein. Gott, du Lebendige, mache mich zu einem Einfalltor deiner Liebe, damit ich mehr und mehr lieben und dem Leben dienen kann. Gott, du Lebendige, dich möchte ich verkünden durch mein Leben.*

KARTAGE UND OSTERN

KARFREITAG

ER der querdenker
verwoben mit den
grausamkeiten der erde
vom schmerz überwältigt
in den leidenden von heute
durch das kreuz der endlichkeit
ER der querdenker
wird festgenagelt
in dogmen und gesetzen
ER der querdenker
eröffnet den weg
ins leben in fülle

KARSAMSTAG

der atem stockt
stille weht über das land
das unerhörte
mensch gewordene wort

begraben von so vielen
in der blutdurchtränkten erde
schreit das immer wieder neu begangene unrecht
hörst du es?

AUFERSTEHUNG

Aufbrechen

das weizenkorn
liegt in der erde
geborgen und geschützt
im schoß des lebens
im warmen strom
der liebe
bricht unvermutet
die kruste auf
und zart sucht sich
sein innenleben
den weg nach außen
und nach oben
es wächst und wächst
man glaubt es kaum
beinahe in den himmelsraum
und nährt die welt
wird brot

EMMAUS

nix wie weg
war die devise
von dem ort des grauens
nix wie weg
wer weiß ob´s mich
nicht auch erwischt
doch am weg
ereignet sich
unerklärlich
ER der CHRISTUS
mitten unter ihnen
wird sein wort
sein tun lebendig
mutig
laufen sie zurück
besiegt die angst
befreit zum leben

THOMAS

thomas ich frage dich
wo warst du in deiner aus-zeit
hast du geweint über den verlust
hast du deine eigenen wunden gespürt
thomas ich frage dich
wie ist es dir gelungen
die angst zu verlieren

die angst vor der goßen klaffenden wunde
thomas ich frage dich
was hat dich ermutigt
deine fragen zu stellen
in berührung zu kommen mit den wunden
thomas ich frage dich
war es versöhnung mit dem geschehenen
war es ein ja-sagen zu dem was war
ist das der weg zum frieden
thomas ich frage dich

IM INNEREN RAUM

Ich möchte in dieser Woche Ihre Aufmerksamkeit auf eine besondere Frau aus dem Mittelalter lenken. Katharina von Siena, geboren am 25. März 1347 als 24. Kind einer Färberfamilie, spürte schon sehr früh eine tiefe Verbundenheit mit Christus. Sie, die kaum lesen und schreiben konnte, wurde bereits 1461 heiliggesprochen. 1939 ernannte man Katharina zur Schutzpatronin von Italien, 1970 erhob man sie zur Kirchenlehrerin und 1999 wurde die mutige Frau zur Schutzpatronin Europas erklärt. Eine steile Karriere würde man heute sagen. Doch was macht diese Frau so besonders? Als ich 2013 eine Studienreise nach Siena mitmachte, besuchten wir auch das Geburtshaus von Katharina. Dort er-

fuhr ich, dass sie sich bereits als Jugendliche den Heiratsplänen ihrer Eltern widersetzte und sich die Haare abschnitt, um als Frau unattraktiv zu sein. Sie wollte frei sein für ihre Christusbeziehung. Als Strafe musste Katharina in der Kammer der Knechte und Mägde schlafen. Sie hatte nun keinen eigenen Raum mehr für ihr Gebet und entdeckte dabei ihren inneren Raum, in dem Christus wohnte. Aus dieser tiefen Erfahrung heraus fühlte sich Katharina von Siena von Christus zu ihrem diakonischen und politischen Handeln berufen. Sie setzte sich neben ihrer Fürsorge für die Kranken für Frieden und Versöhnung ein. Durch ihre klaren Worte überzeugte sie Papst Gregor XI. aus dem Exil in Avignon nach Rom zurückzukehren und gleichzeitig war sie wesentlich an der Reform der Kirche beteiligt, bevor sie erst 33-jährig am 29. April 1380 in Rom verstarb.

Katharina von Siena ist für mich eine Frau, die ihre Kraft aus ihrer Verbundenheit mit Christus schöpfte. Sie vertraute, sie glaubte dem, was sie in ihrem „inneren Raum“ entdeckte, und lebte daraus. Authentisch und wahrhaftig meldete sie sich zu Wort und überzeugte die Kirchenmänner von damals – in einer Zeit, in der Frauen das nicht zugestanden wurde. Ihr kirchlicher Gedenktag ist der 29. April.

MEDITATION – MEINE BERUFUNG

Ich lade Sie ein, Ihrer eigenen Berufung nachzuspüren. Denn immer dann, wenn wir sie erkennen und leben, fühlen wir uns ganz. Ihre Berufung liegt vielleicht da, wo Ihre Begabung, Ihr Charisma ist.
Mit folgenden Fragen können Sie ihr näherkommen:

Was kann ich gut?
Was mache ich gerne?
Wobei fühle ich mich wohl?
Was macht mich zufrieden?
Was gibt meinem Leben Sinn?
Welche Aufgabe würde ich gerne übernehmen?
Wofür möchte ich meine Lebensenergie einsetzen?
Wie viel Zeit will ich dafür aufwenden?
Was kommt für mich sicher nicht in Frage?

Zum Schluss meditieren Sie das Bild vom Katharinenbogen, den die Tiroler Künstlerin Patricia Karg geschaffen hat. Der Bogen ist innen vergoldet. Gold symbolisiert in der Kunst das Göttliche. In unserem *inneren Raum* wohnt das Göttliche immer schon. Paulus schreibt dazu im 1. Korintherbrief 6,19: „Oder wisst ihr nicht, dass euer Leib ein Tempel des Heiligen Geistes ist, der in euch wohnt und den ihr von Gott habt?“ Sie können die Sätze „Mein Leib ist ein Tempel der heiligen Geistkraft. Sie wohnt in meinem inneren Raum“ während der kommenden Woche immer dann, wenn sie Ihnen einfallen, wiederholen.

solotänzerin
mitten in der profillosen masse
zeigt sie sich mutig
setzt sich aus
ungeschützte freiheit
wird gesehen
in ihrer schönheit
spürt den gegenwind
ist manchmal einsam
doch ihr platz ist richtig
und nur das ist wichtig!

Gott, du Lebendige, *stärke mich und ermutige mich, meinem inneren Raum zu vertrauen. Gott, du Lebendige, führe du mich in meiner Berufung.*

BARFUSS IM HERZEN

Endlich Mai! Endlich barfuß gehen! Als Kind habe ich mich immer so darauf gefreut, wenn das Gras endlich wieder meine Füße kitzeln durfte. Bis heute kommt dabei das Gefühl, frei zu sein und gleichzeitig verbunden zu sein, in mir auf. Es ist herrlich, ohne Schuhe den Boden in seiner unterschiedlichen Beschaffenheit zu spüren. Vom moosigen Boden, der meine Füße umschmeichelt und streichelt – ganz samtig weich fühlt sich das an – bis zu den spitzen Steinen am Kiesweg, die schmerzhaft und verletzend sein können. Barfuß spüre ich den Boden, auf dem ich gehe, intensiv und unvermittelt.

Vielleicht ist es Mose damals in der Steppe mitten in seinem Alltag ähnlich ergangen. Er sieht etwas Ungewöhnliches, einen brennenden Dornbusch, der nicht verbrennt, und er will sich das genauer ansehen. Da hört er Gott sagen: „Komm nicht näher heran! Leg deine Schuhe ab; denn der Ort, wo du stehst, ist heiliger Boden!" (Exodus 3,4) Mose zieht seine Schuhe aus und spürt diesen Gott, der von sich sagt „Ich bin Jahwe", was übersetzt so viel heißt wie „Ich bin da" oder auch „Ich bin der, als der ich da sein werde". Mose bleibt nicht an der äußeren Erscheinung des Naturereignisses hängen. Er blickt tiefer – lässt sich berühren und wird berührt. Der staubige Boden wird plötzlich zu einem Ort der Begegnung mit Gott. Heiliger Boden kann überall dort erfahrbar werden, wo ich bildlich gesprochen meine Schuhe ausziehe und mich ganz auf das *Jetzt* einlasse. In vielen Wohnungen ist es üblich geworden, die Schuhe auszuziehen und die privaten Bereiche in Socken zu betreten. Das scheint mir auch ein Zeichen dafür zu sein, dass wir die „heiligen Räume" unserer Mitmenschen achten und behutsam betreten. Auch Meditationsräume werden ohne Schuhe betreten. Die Erfahrungen, die unser Leib macht, eröffnen ganz oft einen Zugang zu einer Wirklichkeit, in der wir Gottes Nähe spüren.

KÖRPERÜBUNG – BARFUSS GEHEN

Ich lade Sie ein, am Morgen barfuß in die Natur zu gehen. Gehen Sie langsam und achtsam. Setzen Sie zuerst die Ferse auf und lassen Sie dann langsam den Fuß am Boden bis zur Spitze abrollen. Achten Sie auf den Wechsel zum anderen Fuß und die kurze Zeit, in der ein Fuß in der Luft ist und der andere das ganze Gewicht alleine trägt. Versuchen Sie, die verschiedene Beschaffenheit des Bodens zu spüren: das Gras, die Tautropfen vielleicht oder auch die kleinen Steinchen. Nehmen Sie einfach wahr, ohne zu bewerten. Lassen Sie sich überraschen!
Zum Abschluss dieser Übung stellen Sie sich beckenbreit hin und öffnen die Arme für den Tag, der kommen darf. Sie können den Satz „Der Boden, auf dem ich stehe und gehe, ist heiliger Boden" einige Male wiederholen, um dann nach einem tiefen Atemzug die Hände dankbar zu falten und die Übung mit einer Verneigung zu beenden. Sie können während der Woche immer wieder mal innehalten und den Satz sprechen. Achten Sie darauf, ob sich in Ihnen etwas verändert.

barfuß im herzen
spürst du die
zarten töne der freundschaft
hörst du die
leisen schwingungen der liebe
das prickeln der haut
und die wogen
die dich hinaustragen
in das unbekannte land
barfuß im herzen wirst du
berührbar
empfindsam
und lebendig
für den heiligen boden

Gott, du Lebendige, *der Boden, auf dem ich stehe und gehe, ist immer schon heiliger Boden. Gott, du Lebendige, achtsam möchte ich sein und dich spüren mitten im Leben.*

DER WEISHEIT AUF DER SPUR

Schneefall im Mai – was für eine Überraschung! Unerwartet und freudig für mich. Ein erstauntes „Mei, es schneit", ruft das Kind in mir und gleichzeitig breitet sich eine fröhliche Stimmung in mir aus. Es ist für mich erstaunlich, wie schnell ich – als jetzt doch schon Sechzigjährige – mit meinen kindlichen Seiten von einst verbunden bin. Ich muss nicht darüber nachdenken. Mein Körper hat all meine Erfahrungen gespeichert und kann sie sofort abrufen.

Bei aufmunternden und freudigen Gefühlen, die sich – wie eben beim überraschenden Schnee – einstellen, ist das angenehm. Allerdings erinnert sich mein Leib auch an weniger erfreuliche, ja belastendende Erfahrungen und reagiert dann auch so wie damals mit seiner kindlichen Seite vielleicht gekränkt, beleidigt oder verletzt. Das ist für das Umfeld manchmal schwer nachvollziehbar und unter Umständen auch für mich selbst verstörend.

Dazu möchte ich die Erfahrung einer Frau von Mitte vierzig erzählen, die mit ihrem Partner auf ihrer Reise durch Frankreich für drei Tage in Taizé Station machte. Die zwei haben eine einfache Unterkunft mit

Frühstück in der Nähe gefunden und für das Mittag- und Abendessen wurde in den Geschäften Jause eingekauft. Am letzten Tag wollte die Frau essen gehen oder wenigstens am Nachmittag ein Eis in einem Café genießen. Das Paar einigte sich auf das Eis und die Frau wartete vergeblich den ganzen Tag darauf. Gegen Abend wurde sie immer stiller.

Tief gekränkt und sprachlos zog sie sich zurück. Ihr Partner bekam auf seine Nachfrage keine Antwort. Gleichzeitig meldete sich bei der Frau eine innere Stimme: „Mach doch nicht so ein Theater deswegen, sei doch nicht kindisch." Sie konnte ihre intensiven und teils widersprüchlichen Gefühle nicht zuordnen und vermutete, dass sich da vielleicht etwas Altes meldete. Sie zog sich zurück und spürte ihren Erinnerungen nach und plötzlich fiel ihr ein, dass ihr als Kind immer wieder etwas versprochen wurde, aber leider nie eingelöst. Sie vergoss viele

Tränen, die sie vielleicht in ihrer Kindheit nicht zulassen konnte, und erkannte den Zusammenhang. Die Frau begann sich selbst zu verstehen und kam zu dem Schluss, dass sie als Erwachsene, anders als damals als Kind, handeln konnte und nicht mehr sprachlos und gekränkt auf Versprochenes warten musste.

Sich selbst zu verstehen und eigene intensive Gefühle zuzuordnen, scheint mir ein wichtiger Schritt auf einem geistlichen Weg zu sein.

IMPULS – ZEIT NEHMEN

Nehmen Sie sich in dieser Woche Zeit für einen Spaziergang, ein feines Bad oder auch ein gutes Buch. Achten Sie darauf, was Ihnen wirklich guttut. Genießen Sie die Zeit, die nur Ihnen gehört. Und wenn Sie möchten, schreiben Sie am Abend einige Zeilen nieder. Schreiben Sie einfach jeden Tag fünf Minuten lang alles nieder, was Ihnen in den Sinn kommt. Am Ende der Woche lesen Sie das Geschriebene. Achten Sie auf sich wiederholende Worte oder Ereignisse. Vielleicht wird so etwas wie ein „roter Faden" sichtbar, den Sie dann am Sonntag vor Gott bringen können – verbunden mit einem Dank oder einer Bitte?

mitten im brüchigen sein
der weisheit auf der spur
freigeschaufelt von allem
wollen und sollen
entfaltet sich die zerknitterte seele
zur lebendigen fülle
offen und durchlässig

für die stimme
des lebens
geistkraft gottes
ruach
genannt

Gott, du Lebendige, *lass mich in den Brüchen und Verletzungen der Vergangenheit einen lebensförderlichen Weg erkennen. Gott, du Lebendige, im Atem darf ich dich spüren, im Atem schenkst du mir Leben. Gott, du Lebendige, schenke mir Frieden und Versöhnung.*

WANDLUNG

Wer kennt sie nicht, die gelb leuchtenden Wiesen im Mai? Der Löwenzahn ist von der Wurzel bis zur Blüte ein altbewährtes Heilmittel für Leber, Galle und Niere. Er blüht in Überfülle. Die jungen, zarten Blätter mit ihrem wildaromatischen Geschmack eignen sich hervorragend für einen Frühlingssalat. Der Löwenzahntee aus Blättern und Blüten ist ein idealer Fastenbegleiter, da er anregend auf den gesamten Stoffwechsel wirkt. Den Löwenzahnsirup mit seiner gemütserhellenden Kraft kennen einige vielleicht noch aus Kindertagen. Der leuchtende Löwenzahn mit seinen vielfältigen heilsamen Substanzen macht eine faszinieren-

de Wandlung durch. Das kraftvolle, an die Sonne erinnernde Gelb verschwindet und die von Kindern so geliebte Pusteblume entwickelt sich. Weiß, beinahe durchsichtig, zeigt sie sich jetzt. Die einzelnen Samen werden ausgeschickt – sie bringen Frucht und werden im kommenden Jahr zu einer Heilpflanze.

Mich erinnert der Löwenzahn an Jesus und an seine leuchtende Kraft in den Evangelien. Heilsam und ermutigend ist er für die Menschen da. Seine Botschaft vom liebenden Gott erreicht auch die einfachen Menschen. Seine Gleichnisse, so einfach und doch so vielschichtig, regen bis heute unseren „Stoffwechsel" an und eröffnen immer wieder neue Zugänge. Als Auferstandener zeigt er sich schließlich den Jüngern und Jüngerinnen verwandelt: neu, in durchscheinendem Weiß, der Farbe der Transzendenz. Sie erkennen ihn nicht sofort. Er erscheint ihnen in einer ungewöhnlichen und neuen Seinsweise. Die Jünger und Jüngerinnen verlieren durch die Begegnung ihre Angst und ihre Verzweiflung. Sie *vertrauen* (oft wird in Bibelübersetzungen dafür das Wort „glauben" verwendet), dass Jesus lebt. Vor seiner Himmelfahrt entsendet er sie mit der Zusage „Ich bin bei euch alle Tage" (Matthäus 28,20) in die Welt mit der frohen Botschaft von einem liebenden Gott.

So ähnlich wie der Löwenzahn mithilfe des Windes seine Samen über das ganze Land verteilt, ist uns allen die Geistkraft Gottes, die Ruach, zugesagt. *Ruach* meint die Kraft, die im Wind und Sturm spürbar wird, aber auch im Atem, in der Lebenskraft oder in unserer schöpferischen Kraft.

IMPULS – LÖWENZAHNWIESE

Gehen Sie mehrmals in dieser Woche zu einer Löwenzahnwiese und genießen Sie die leuchtenden Blüten. Vielleicht sammeln Sie Blätter für einen Löwenzahnsalat oder Blüten für einen reinigenden Tee. Wenn Sie eine Pusteblume entdecken, dann pusten Sie die vielen Schirmchen in die Welt – verbunden mit Ihren guten Wünschen für sich und andere. Vertrauen Sie darauf, dass sich das Leben immer wieder wandelt und neue ungewöhnliche, kreative Formen möglich werden. Wenn Sie möchten, können Sie den Satz „Möge sich Leichtigkeit und Freude in mir ausbreiten" mehrmals aussprechen.
Tipp: Genießen Sie den Tee und den Löwenzahnsalat eher zu Mittag, da beides harntreibend wirkt.

eingesponnen
in das leben
eingewickelt
ja verwickelt
in die machenschaften
dieser welt
wartet dir

mitten im leben
die befreiung
die ent-bindung
entwicklung und wandlung
geschieht an dir
flügge darfst du werden
und mit leichtigkeit
im hier und heute
singen und tanzen im wind

Gott, du Lebendige, *in der Spur des Evangeliums suche ich dich. In Jesus, dem Christus, finde ich dich. Gott, du Lebendige, auf die reinigende Kraft der biblischen Erzählungen möchte ich vertrauen. Gott, du Lebendige, schenke mir die Leichtigkeit des Seins mitten im Alltag.*

VERKNOTUNGEN UND VERSTRICKUNGEN LÖSEN

Ich stricke mit Begeisterung Socken. Es entspannt mich und gleichzeitig fasziniert mich, wie aus einem Faden Masche für Masche ein wärmendes Ganzes entsteht. Ich verwende dazu unterschiedlich eingefärbte bunte Wolle, bei der erst nach und nach sichtbar wird, wie sich das Muster wiederholt. Ich nehme den Faden immer vom Inneren des Knäuels heraus und manchmal verknotet sich der Faden aus für mich unerklärbarer Ursache. Dann ist Geduld und Zeit gefordert. Das Lösen der Verknotung braucht meine ganze Aufmerksamkeit. Zuerst einmal den Knoten lockern, man könnte auch sagen *weiten*, anschließend die einzelnen Fäden entwirren, da und dort durchziehen, wieder lockern, erneut achtsam und behutsam da und dort durchfädeln, lockern und alles wieder von vorne, bis endlich der Knoten gelöst ist.

„Schneid doch einfach ab, das geht viel schneller", bekomme ich dann manchmal zu hören. Ja abschneiden geht schneller, allerdings geht entweder ein Stück des Musterrapports verloren oder ich müsste so viel Wolle abwickeln und verwerfen, bis ich wieder an der gleichen Stelle des Musters angelangt wäre. Ich hätte also einen Verlust!

Menschliche Beziehungen sind ungleich komplizierter und doch meine ich, dass es da eine Ähnlichkeit zu meiner Sockenwolle gibt. Sie kennen das vermutlich auch, dass sich manchmal aus ungeklärter Ursache ein Konflikt entwickelt, der sich immer mehr verdichtet und verknotet. Den Beziehungsfaden abzuschneiden ist scheinbar die einfachste Methode. Allerdings hat dieses Lösungsmodell immer auch den bitteren Beigeschmack von Verlust. Selbst wenn es irgendwann später wieder gelingt, den Faden aufzunehmen und die Beziehung fortzuführen, fehlt ein Teil, den wir oft schmerzlich vermissen. Mühsamer und langwieriger ist es, die verschiedenen Standpunkte zu hören und sie achtsam sowie geduldig auseinanderzulegen – sich damit auseinanderzusetzen. Es braucht vielleicht auf beiden Seiten ein Nachgeben, ein Lockern, eine Weitung der eigenen Sichtweise, damit der Konflikt gelöst werden kann und sich die Beziehung so wie im Sockenbeispiel zu einem wärmenden Ganzen entwickeln kann.

Die Volksfrömmigkeit hat intuitiv um diese Verknotungen und Verstrickungen gewusst und Maria als Knotenlöserin erkannt und angerufen. Dabei geht es nicht darum, dass Maria die Lebensprobleme der Menschen löst, sondern dass wir so wie sie *vertrauen*, also eben *glauben*, dass wir aufgrund unserer Gottesbeziehung in der Lage sind, mit Wahrhaftigkeit, Geduld und Wohlwollen die Verwicklungen in unserem Leben zu lösen.

BILDBETRACHTUNG – KNOTENLÖSERIN

Betrachten Sie das Bild von Maria, der Knotenlöserin (S. 93). Das Altarbild der Dorfkapelle Tregist (Bärnbach, Steiermark) des österreichischen Künstlers Franz Weiss entstand 1986 in Anbetracht der Atomkatastrophe in Tschernobyl. Lassen Sie sich Zeit für Ihre Entdeckungen. Sie können sie ungeordnet auf ein Blatt Papier schreiben.
Anschließend nehmen Sie vier oder fünf lange Wollfäden oder andere Bändern bzw. Schnüre und „verwurschteln" und verknoten diese. Wenn Sie möchten, können Sie Ihre Gedanken und Gefühle, die sich dabei

entwickeln, niederschreiben. Versuchen Sie dann, die Knoten zu lösen: immer wieder weiten, durchziehen und achtsam betrachten. Nehmen Sie diese Erfahrung in die kommende Woche mit. Blicken Sie auf Verwicklungen und Verknotungen in Ihren Beziehungen.

schlaftrunken
taumelt die welt
durch die zeit
menschen geopfert
auf den altären
von geld und macht
blutdurchtränkt schreit die erde
nach frieden und gerechtigkeit
wacht auf ihr bürger:innen
von heute
löst die verstrickungen
im kleinen und im großen
verweigert euch der gewalt
löst euch von hass und neid
löst euch aus den verstrickungen
von gestern
und vertraut einander
erhört die worte des lebens
auf dass eine taube
rein und mit einem grünen zweig
wie einst bei noah
frieden und leben verkündet

Gott, du Lebendige, *ich vertraue darauf, ich glaube, mit Geduld und Wohlwollen dazu beitragen zu können, dass sich Verwicklungen und Verknotungen gewaltfrei lösen lassen.*

DER LIEBE LAUSCHEN

Die Liebe, ein großes Wort und eine starke Emotion, ist gar nicht so leicht zu beschreiben. Im Duden findet sich folgende nüchterne Erklärung: „starkes Gefühl des Hingezogenseins; starke, im Gefühl begründete Zuneigung zu einem [nahestehenden] Menschen".

Auf der Suche nach passenderen Worten ist mir ein besonderes Buch zugefallen. Handgeschrieben in wunderschöner Schrift mit einigen Zeichnungen und getrockneten Blumen erregte es meine Aufmerksamkeit. Von außen ganz unscheinbar schwarz mit zwei aufgeklebten Edelweißen aus Stoff. Auf der ersten Seite steht in Schönschrift, groß über die ganze Seite: Stationen auf dem Weg zu dir. Und dann die berührenden Gedanken eines jungen Mannes, der trotz Krieg und Gefangenschaft sich sein liebesfähiges Herz bewahrt hatte und in zarten Worten seine Liebe zum Ausdruck bringt.

Er, der vom Leben nicht gerade verwöhnt war, schrieb dieses Buch als Hochzeitsgeschenk für seine große Liebe. Der Liebende beginnt mit: „Es ist still um mich. Nur das Ticken der Uhr verrät, dass ich in eine Welt hineingestellt bin, die kein Zurück und kein Halt kennt, die uns erbar-

mungslos mitreißt und uns von einer Station des Lebens zur anderen führt. Ich schließe die Augen …" Dann beginnen seine Erinnerungen vom Oktober 1945 bis zur Hochzeit im Frühjahr 1954. Seine Sprache, seine liebevollen Zeichnungen, seine Gedichte und Kompositionen berühren mich tief. Ich bin beeindruckt vom Wohlwollen und den vielen kleinen Aufmerksamkeiten. Trotz der vielen Verstrickungen von Krieg und Gewalt scheint dieser junge Mann wach und zutiefst lebendig, offen für seine zukünftige Frau zu sein. Gleichzeitig frage ich mich, wie es möglich ist, dass jemand, der so viel Unrecht, so viel Grausamkeit gesehen und erlebt hat, sein offenes liebendes Herz bewahren konnte? Die Sehnsucht nach Frieden, nach Liebe und Geborgenheit ist in ihm nicht verschüttet.

Das Wesentliche, das dem Wesen des Menschen Entsprechende, die Liebe, scheint in uns als Sehnsucht tief verankert zu sein. Paulus erkennt die Liebe als Ausdruck des Göttlichen in uns. In seinem Hohelied der Liebe hat er seine Erfahrungen sehr treffend ins Wort gebracht:

> *Wenn ich in den Sprachen der Menschen und Engel redete, hätte aber die Liebe nicht, wäre ich dröhnendes Erz oder eine lärmende Pauke. Und wenn ich prophetisch reden könnte und alle Geheimnisse wüsste und alle Erkenntnis hätte; wenn ich alle Glaubenskraft besäße und Berge damit versetzen könnte, hätte aber die Liebe nicht, wäre ich nichts.* (1 Korinther 13,1–2)

Dieser Ausschnitt aus der Bibel, der sehr oft bei Hochzeiten verwendet wird, scheint mir auch ein wichtiger Text fürs Leben zu sein. Menschen, denen es gelingt, diese unsagbare Lebenskraft zu hegen und zu pflegen, erscheint das Leben reicher, voller und beglückender. „Der Liebe lauschen" meint, mit offenen Augen und einem hörenden Herzen auf die kleinen und großen Zeichen im Leben zu achten. Es scheint mir eine stille und intensive Form des Betens zu sein.

IMPULS – KOMPLIMENTE

Suchen Sie sich einen ruhigen Platz, schließen Sie Ihre Augen und wiederholen Sie folgende Worte mehrmals: „Gott, du Lebendige, ich bin geliebte Tochter, geliebter Sohn. Ich spüre meine Verbundenheit mit dir. Ich darf lieben und ich werde geliebt."

Ideen für die Woche: Nehmen Sie sich Zeit für Komplimente und wohlwollende Worte, für sich und für andere. Verbringen Sie Zeit mit Menschen, die Ihnen wichtig sind. Überraschen Sie jemanden mit einem kreativen Geschenk. Helfen Sie einem Freund oder einer Freundin im Alltag.

die liebe
groß und tief
wie das meer
bewohnt sie uns
unerschöpflich immer da
wartet sie
manchmal verschüttet
eingeschüchtert und verborgen
eingefroren
kaltgestellt
ist sie da
verlässt dich nicht
wärmt von innen
lädt dich ein
zu lieben und von herzen
großzügig zu sein

Gott, du Lebendige, *öffne mein Herz und lass mich mehr und mehr ein Liebender, eine Liebende werden. Gott, du Lebendige, kreativ und voller Lebensfreude möchte ich meiner Liebe zum Leben Ausdruck verleihen. Gott, du Lebendige, du ereignest dich in der Liebe, dir möchte ich Raum in mir geben.*

GLUT UNTER DER ASCHE

In unserer schnelllebigen, teilweise sogar hektischen Welt fällt es gar nicht so leicht, zur Ruhe zu kommen. Da ist von Selbstoptimierung die Rede und so mancher Mensch brennt buchstäblich für eine Sache und verliert dabei unter Umständen die eigenen Grenzen aus den Augen.

Im ersten Testament, auch Altes Testament genannt, wird uns von Elija erzählt, dem bekanntesten und bedeutendsten Propheten sowohl im Judentum als auch im Christentum. Er ist einer, der Feuer gefangen hat. Eifrig bekämpft Elija den Götzendienst und verleiblicht seinen Namen, der „mein Gott ist Jahwe“ bedeutet. Als Staatsfeind Nummer eins muss er fliehen. Völlig erschöpft und ausgebrannt flüchtet Elija in die Wüste, wird im 1. Buch der Könige, Kapitel 19, erzählt. Unter einem Ginsterstrauch beschließt er zu sterben. Von seinem Lebenstraum ist nur noch die Asche geblieben. Elija kommt zur Ruhe und fällt in einen tiefen Schlaf.

In der Einsamkeit, in der Stille, an dem Ort, an dem der Prophet schweigt, hört er plötzlich die Stimme Gottes. Ein Engel als Repräsentant Gottes rührt ihn zärtlich an und ermutigt ihn, wieder aufzustehen, das in glühender Asche gebackene Brot zu essen und aus dem Krug mit Wasser zu trinken. Elija isst und trinkt und fällt wieder in einen tiefen Schlaf. Nach all seinen Bemühungen braucht er nun Ruhe und

Erholung, seine Batterien sind leer. Erst nach dem zweiten Versuch des Engels ist Elija so weit. Er isst und trinkt und macht sich so gestärkt auf den Weg zum Gottesberg Horeb, um sich dort in eine Höhle zu verkriechen. Und Elija darf erkennen, dass sich Gott nicht in den Naturgewalten zeigt – nicht in einem vorbeiziehenden Sturm, nicht im Erdbeben, nicht im Feuer. Nein, im leisen Säuseln des Windes, in der „vorbeischwebenden Stille" (Theo Schmidkonz SJ) hört der Prophet, wie er bei seinem Namen gerufen wird, und die Glut flackert in ihm neu auf. Die Gewissheit, von Gott geliebt zu sein, schenkt ihm neuen Lebensmut.

MEDITATION – GOTT, DU LEBENDIGE

Suchen Sie sich einen ruhigen Ort, einen Gebetsort in Ihrer Wohnung oder auch in der Natur. Nehmen Sie eine Körperhaltung ein, in der Sie einige Zeit verbringen können. Bewährt hat sich das Sitzen im Lotussitz oder auf der vorderen Kante eines Stuhles. Das erleichtert eine aufrechte Haltung, die sowohl für eine gute Durchblutung als auch für ein aufmerksames Dasein hilfreich ist. Falls das für Sie nicht möglich ist, können Sie natürlich auch im Liegen meditieren. Achten Sie auf eine gute Position. Legen Sie, wenn Sie sitzen, die Hände geöffnet in den Schoß, wenn Sie liegen, die geöffneten Hände seitlich mit den Handflächen nach oben.
Nun suchen Sie sich einen Satz aus dem Gebet für die Woche und wiederholen ihn im Rhythmus Ihres Atems: „Gott, du Lebendige" beim Einatmen und den zweiten Teil des Satzes z. B. „verbirgst dich im Raum der Stille" beim Ausatmen. Nach 5 bis 25 Minuten, je nach Ihren Möglichkeiten, beenden Sie die Meditation, indem Sie die Hände falten und sich verneigen.

glut unter der asche
du ahnst sie
du erkennst sie
dein atem bringt sie zum lodern
das herz entbrennt
und verbrennt doch nicht
die liebe
ereignet sich

im zarten hauch
im dazwischen
verbindet sie
heute und morgen

glut unter der asche
wartet dem windhauch
glimmt und glüht
schimmert
durch das grau des alltags

glut unter der asche
erahnt und gefürchtet
das lodernde feuer
gefährlich vielleicht

glut unter der asche
sorgsam bewahrt
genährt und gehütet
wärmt
in kalter nacht

Gott, du Lebendige, *du verbirgst dich im Raum der Stille. Gott, du Lebendige, schenke mir den Mut zur Stille. Gott, du Lebendige, mit dem Herzen will ich hören. Gott, du Lebendige, entfache in mir das Feuer der Liebe.*

PFINGSTEN

die ruach
die geistkraft gottes
ein zarter hauch
sanft wartet sie dir
die ruach
die geistkraft gottes
belebt mit ihrem atem die welt
die ruach
die geistkraft gottes
gebiert sich unter heftigen geburtswehen
immer wieder neu in die welt
die ruach
die geistkraft gottes
seit anbeginn der schöpfung
die verbindende
beziehung stiftende macht
ruft dich und mich
zum frieden
heute

das feuer geht aus
die flamme so klein
öffnet die fenster
lasst luft herein
verstaubte rituale
gebete von gestern
musik die betrübt
und das leben vermiest
der frühling er wartet
das leben ist stärker
lasst endlich mehr luft
in die kirche von gestern
der sturm – die ruach
pocht beständig
an türen und fenster
öffnet sie endlich
lasst frauen und männer
die frohe botschaft verkünden
hört mit eurem herzen
und sprecht eine Sprache
die alle verstehen

aus dem mutterschoß
erwächst das leben
geistkraft gottes
ruach genannt
atmet und beatmet
drängt ins leben
wird ent-bunden
frei gegeben
für die welt
wächst und wird
zeugnis und zeichen
im fluss des lebens

ZUM NIEDERKNIALA SCHEA

Wenn ich im Frühsommer durch die abgemähten Felder wandere und das herrlich duftende Heu rieche, dann muss ich mich niederknien, um den Geruch, der mich so sehr an meine Kindheit und an daheim erinnert, so intensiv wie möglich wahrzunehmen. Die Gruppe Bluatschink aus dem Lechtal hat das in ihrem Song „Zum Niederkniala schea" (zum Niederknien schön) so treffend ins Wort gebracht. Es gibt Momente im Leben, die so unsagbar schön sind, dass Worte nicht ausreichen, um die Dankbarkeit für das Geschenkte zum Ausdruck zu bringen. Für mich ist das die natürlichste Form des Gebetes: eine Situation im Leben, eine besondere Erfahrung in der Natur oder eine gelungene Begegnung nicht einfach selbstverständlich hinzunehmen. Ich habe es mir zur Angewohnheit gemacht, am Abend auf den Tag zurückzuschauen. Dankbar erinnere ich mich an die kleinen Überraschungen und an wohlwollende Worte, die mir geschenkt wurden. Ich schreibe alles in mein Tagebuch. Und dann breitet sich ein stilles Glücksgefühl in mir aus.

In der der heiligen Messe, der großen Dankfeier, erinnern wir uns anhand der biblischen Texte, wie Menschen Gott erfahren haben. Die Schriftworte ermutigen uns, auch im Heute darauf zu vertrauen, dass Gott, der *Ich-bin-da*, an unserer Seite ist. In allen vier Evangelien wird uns in leicht variierenden Erzählungen von der sogenannten Brotvermehrung erzählt. Viele Menschen waren Jesus gefolgt. Im Lukasevangelium wird uns erzählt, dass Jesus zuvor den Jüngern – und wohl auch den Jüngerinnen – den Auftrag und die Macht gegeben hat, zu heilen und zu verkünden. Auch Jesus wendet sich den suchenden Menschen wohlwollend und heilsam zu. Die Zuwendung zu unseren Mitmenschen, die Solidarität mit den Benachteiligten ist also die Voraussetzung, dass sich das Reich Gottes in der Welt, man könnte auch sagen, dass sich das gute Leben für alle Menschen ereignet. So verbinden wir uns auch im gemeinsamen Gottesdienst mit den Menschen in schwierigen Lebenssituationen im Fürbittgebet und unterstützen sie, wenn nötig, finanziell durch die Kollekte.

BIBELBETRACHTUNG – ALLE WURDEN SATT

Ich lade Sie nun ein, den folgenden Text aus dem Lukasevangelium aufmerksam zu lesen.

Als der Tag zur Neige ging, kamen die Zwölf und sagten zu ihm: Schick die Leute weg, damit sie in die umliegenden Dörfer und Gehöfte gehen, dort Unterkunft finden und etwas zu essen bekommen; denn wir sind hier an einem abgelegenen Ort. Er antwortete ihnen: Gebt ihr ihnen zu essen! Sie sagten: Wir haben nicht mehr als fünf Brote und zwei Fische; wir müssten erst weggehen und für dieses ganze Volk etwas zu essen kaufen. Es waren nämlich etwa fünftausend Männer [und viele Frauen und Kinder]. Er aber sagte zu seinen Jüngern und Jüngerinnen: Lasst sie sich in Gruppen zu ungefähr fünfzig lagern! Die Jünger und Jüngerinnen taten so und veranlassten, dass sich alle lagerten. Jesus aber nahm die fünf Brote und die zwei Fische, blickte zum Himmel auf, sprach den Lobpreis [das Dankgebet] und brach sie; dann gab er sie den Jüngern und Jüngerinnen, damit sie diese an die Leute austeilten. Und alle aßen und wurden satt. (Lukas 9,12–17)

Unterstreichen Sie Worte, die für Sie wichtig sind. Notieren Sie Ihre Fragen und Ihre Entdeckungen. Suchen Sie Menschen, mit denen Sie sich austauschen können.

In der Kirche von Tabgha am See Genezareth gibt es ein Mosaik, das an die Speisung der Leute erinnert. Beim aufmerksamen Hinschauen fällt auf, dass im Korb nur vier Brote sind. Das fünfte Brot sind alle, die bereit sind, das Eigene mit anderen zu teilen.

Sprechen Sie ein (neues) Dankgebet vor dem Essen. Erinnern Sie sich beim Tagesrückblick an Erfahrungen, für die Sie dankbar sind.

du urgrund
gott genannt
in dir wächst die saat
und auch das gras
du urgrund
gott genannt
du birgst das unscheinbare kleine

und es wird groß und stark und weit
du urgrund
gott genannt
durchsäuerst diese welt
wie sauerteig das brot
du urgrund
gott genannt
gibst halt und leben
auf dich vertrau ich ganz

***Gott, du Lebendige**, dankbar bin ich für den heutigen Tag, die Wunder der Natur, die guten Begegnungen und vor allem für mein Leben. Gott, du Lebendige, wach möchte ich bleiben für die Hungrigen und Bedürftigen in der Welt.*

LEICHTFÜSSIG DAS HIMMELREICH ENTDECKEN

Sommersonnenwende – der längste Tag im Jahr will gefeiert werden. Die Sonne war für die Menschen immer schon von großer Bedeutung. Sie verkörperte das Überleben, die Auferstehung der Natur nach den oft langen Wintern, Wachstum und Fruchtbarkeit. Gleichzeitig beginnt mit dem

21. Juni der astronomische Sommer. Laue Nächte, Badefreuden, ein Garten, in dem allerlei wächst und gedeiht, Urlaub und Ferien von der Schule, Eis schlecken und das Leben genießen, das alles vermittelt ein Gefühl von Leichtigkeit und Vorfreude.

Vor einigen Jahren habe ich das wunderbare Lied der Sängerin Gila Antara entdeckt: „Von der Erde nehme ich die Kraft und aus dem Himmel nehme ich das Licht und vom Leben nehme ich die Liebe und lass sie fließen durch mich." Es drückt unsere Verbundenheit mit den Kräften der Natur, mit Gott und den Menschen aus – wie auch das Keramikbild über die Heilkraft der Liebe des Künstlers Siegfried Obleitner in der Herz-Jesu-Kapelle in Gnadenwald. Die große Kraft der Liebe, in der sich Gott mitten in der Welt ereignet, begegnet uns auf vielfältige Weise. Verliebten Menschen erscheint das Leben schöner und leichter. Gleichzeitig eröffnet uns ein liebender Blick die Schönheit in verschiedenen Facetten – weitab von Idealen und Normen. Die Sommersonnenwende ist eine schöne Gelegenheit, das zu feiern: mit Gesang, Tanz, sinnlichen Märchen, guten Freunden und Freundinnen und einem großen Feuer, einem Symbol für Christus, in unserer Mitte. Ein Räucherritual mit verschiedenen Kräutern, die reinigen und stärken, ist nicht nur für den Körper eine Wohltat, sondern tut auch unserer Seele gut.

Und dann bin ich immer wieder fasziniert von der reichhaltigen Liebessprache im biblischen Hohelied der Liebe. In dieser Sammlung von teilweise sehr erotischen Liebesliedern findet die Sehnsucht und die Bewunderung zweier Liebender einen kreativen sprachlichen Ausdruck. Es beginnt mit diesen Worten:

> *Mit Küssen seines Mundes küsse er mich. Süßer als Wein ist deine Liebe. Köstlich ist der Duft deiner Salben, dein Name hingegossenes Salböl; darum lieben dich die jungen Frauen. Zieh mich her hinter dir! Lass uns eilen! Der König führt mich in seine Gemächer. Jauchzen lasst uns, deiner uns freuen, deine Liebe höher rühmen als Wein. Dich liebt man zu Recht.* (Hohelied 1,2–4)

Es ist faszinierend, wie viele sinnliche Vergleiche in den acht Kapiteln dieses kleinen Buches anklingen, auch wenn nicht mehr alle unserem Sprachgebrauch entsprechen. Die Liebenden sprechen eine Sprache des Herzens – wohlwollend und mit großer Achtsamkeit füreinander. Es animiert mich und vielleicht auch Sie, im Alltag kreativ und aufmerksam die Schönheit ins Wort zu bringen. Die Begeisterung über eine schöne Blume, ein Naturereignis oder über die Menschen in meiner Umgebung zu schreiben, kann das Leben für mich und für andere leichter und schöner machen.

ACHTSAMKEITSÜBUNG – SCHÖNHEIT

Stellen Sie sich vor den Spiegel und bringen Sie Ihre Schönheit ins Wort. Sie lassen Ihren Blick langsam und achtsam über Ihr Gesicht und anschließend über Ihren Körper gleiten. Versuchen Sie mit Wohlwollen und Selbstliebe auf sich zu schauen. Wenn Sie möchten, können Sie auch versuchen, wie im Hohelied Ihre Schönheit und die Schönheit der Menschen, die für Sie wichtig sind, in eine lyrische Sprache zu bringen.

frau
schön, wild und weise bist du
schön leuchtet
dein ja zum leben
in deinem gesicht
schön und unverwechselbar
ist deine berufung und
dein einsatz für gerechtigkeit
wild deine entschlossenheit
dein mut und deine worte des widerstandes
wild und ungezähmt ist deine liebe
weise deine fähigkeit zur unterbrechung
zum innehalten
um das leben im augenblick
zu riechen, zu hören, zu sehen, zu schmecken und zu fühlen
weise deine hoffnung und deine zuversicht
ins heute und ins morgen
frau
schön, wild und weise bist du

Gott, du Lebendige, *schenke mir Augen für das Schöne in mir und in der Schöpfung*

BRUNNENGESPRÄCHE

Insgesamt neun Jahre war ich Sommer für Sommer mit einer Pilgergruppe auf dem Weg von Innsbruck nach Santiago und dann weiter bis nach Finistère unterwegs. Zwei bis drei Wochen im Jahr eine Auszeit zu nehmen und mit einem Rucksack, der nur das Nötigste enthielt, einer kleinen Bibel und einigen Wegbegleitern und Wegbegleiterinnen am großen Pilgerweg zu sein, war das größte und schönste Abenteuer in meinem Leben.

Der Weg führte mich durch wunderbare Landschaften, vorbei an geschichtsträchtigen Orten, Schritt für Schritt immer mehr zu mir selbst. Der tägliche biblische Impuls eröffnete neue Räume. Durch die äußere Bewegung kam auch in meinem Inneren so manches in Schwingung. Und dann gab es noch die vielen Gespräche am Weg. Manchmal wurden gleich am Vormittag nach dem Morgenlob die Gedanken zur Bibelstelle mit dem eigenen Leben verbunden und dann im Reden auf Neues bisher Verborgenes gestoßen. Oder es ergab sich müde und erschöpft auf den letzten Kilometern zur Herberge, durstig und hungrig, ein belebendes „Brunnengespräch“. Sie kennen das vielleicht auch, wenn ein Gespräch so gut im Fluss ist, wenn der oder die andere aktiv zuhören kann und dann ab und zu eine Frage stellt, die zum Weiterdenken anregt oder ein inneres Bild eröffnet.

Ähnlich ist es womöglich auch Jesus und der Frau am Jakobsbrunnen ergangen. Im Johannesevangelium wird uns davon im 4. Kapitel erzählt. Jesus kommt müde, erschöpft und durstig zum Brunnen. Dort trifft er auf eine namenlose Frau, die, was ganz unüblich war, in der Mittagshitze zum Brunnen kommt. Jesus bittet sie um Wasser und ein Gespräch kommt in Gang, das sich wie in einer Spirale immer mehr in die tiefere, innere Wirklichkeit bewegt. Die Frau blickt mit ihm in den eigenen Brunnen bis auf den Grund ihrer Seele und erkennt ihre tiefe Sehnsucht nach diesem lebendigen Wasser, von dem Jesus spricht. Zuerst aber findet sie Zugang zu sich selbst, zu ihrer Lebensgeschichte. Sie wurde so oft enttäuscht: Fünf Männer haben sie verlassen und jetzt lebt sie mit einem Mann zusammen, der ihr die Ehe verweigert. Jesus gibt ihr in dem Gespräch neues Ansehen – er hört ihr zu und sie lernt die Vergangenheit anzunehmen, um für das Leben und die Liebe im Hier und Jetzt frei zu sein. Ermutigt und gestärkt läuft sie, die so lange aufgrund ihrer Lebensgeschichte Außenseiterin war, zurück ins Dorf – zurück ins Leben und verkündet voller Begeisterung alles, was Jesus gesagt hat. Sie wird durch ihre Erfahrung zur Verkünderin und Bekennerin.

IMPULS – AM BRUNNEN

Gehen Sie mit einem Freund oder einer Freundin zu einem Brunnen. Erfrischen Sie Ihre Hände und Ihr Gesicht mit dem sprudelnden Wasser. Anschließend können Sie von dem Wasser trinken. Beobachten Sie nun das Fließen des Wassers und die Wasseroberfläche und versuchen Sie dann, Ihre Gedanken ins Wort zu bringen. Ihr Freund oder Ihre Freundin ist eingeladen, mit Ihnen ins Gespräch zu kommen.
Der Blick in den eigenen „Brunnen“, in die eigene Geschichte:

Was davon möchte ich erzählen?
Was belastet mich?
Was ist schön und freudig?
Was bewegt mich zurzeit?
Was lässt mich aufleben?
Was gibt mir Kraft und Mut?
Wo finde ich Trost?

hörst du die leise melodie des lebens
schritt um schritt führt dich der weg
manchmal sehr schnell
und mühelos
gleich darauf vielleicht
steil bergauf
in glühender hitze
hörst du die leise melodie des lebens
schritt für schritt führt dich der weg
manchmal leicht und weich

oder vielleicht
auch schwer und hart
am heißen schwarzen asphalt
hörst du die leise melodie des lebens
schritt für schritt führt dich der weg
wechselnd und immer wieder neu
gestern, heute und
auch morgen!

tiefen-blick
ein tiefen – blick
berührt das innen
berührt die seele
ermutigt
und setzt kräfte frei
ein tiefen – blick
schenkt gänsehaut
sehnsucht erwacht
vielleicht
ein tiefen – blick
voll forscher:innengeist
erkundet neugierig und wertungsfrei
entdeckt das unsagbare
und lässt erschaudern dich

Gott, du Lebendige, *du bist die Quelle meines Lebens. Du stillst meinen Durst nach Leben in Fülle.*

DAHEIM SEIN, VERBUNDEN SEIN

Meine Erinnerungen führen mich heute sehr weit zurück. Ich war gerade mal fünf oder sechs Jahre alt, da durfte ich an den Samstagen allein zum Einkaufen ins circa einen Kilometer entfernte Dorf gehen. Ausgestattet mit einem kleinen blauen Einkaufsnetz, einem Zettel, auf dem die zu besorgenden Lebensmittel standen, und einer kleinen roten Geldtasche machte ich mich jede Woche auf den Weg. Ich fühlte mich groß und gebraucht. Eines Tages entdeckte ich die offen stehende Kirchentür. Neugierig betrat ich das nach Weihrauch duftende Haus. Ich war überwältigt und fühlte mich, so komisch es klingen mag, daheim. Ich setzte mich in eine Bank, genoss die wunderbare Stille und bewunderte den barocken Kirchenraum. Von da an nützte ich jede Gelegenheit, um für einige Minuten die für mich heilsame Atmosphäre zu genießen. Auf dem Jakobsweg habe ich auch immer wieder die Erfahrung gemacht, dass von den großen Pilgerorten eine besondere Kraft ausgeht. Die Menschen, die sich tagein, tagaus mit ihren Sorgen und Nöten sowie mit ihrer Dankbarkeit im Gebet verbunden haben, wirken. Verbunden zu sein und dazuzugehören ist eine tiefe Sehnsucht in uns Menschen. Sie liegt, so könnte man sagen, in unserem Wesen. Die Mahlgemeinschaften der ersten Christen und Christinnen sind Ausdruck dafür. Die Erinnerungsgemeinschaft vergegenwärtigt

im gemeinsamen Mahl Jesus in seiner Beziehung zu Gott und zu den Menschen.

Paulus bringt mit seinem Freund Silas die Kunde von Jesus nach Europa und trifft da auf Lydia, die, wie es in der Apostelgeschichte im Kapitel 16 heißt, aufmerksam und mit geöffnetem Herzen zuhört. Die wohlhabende Pupurhändlerin spürt eine tiefe Verbundenheit zur neuen Lehre und lässt sich und ihre Hausgemeinschaft taufen. Sie wird Vorsteherin der kleinen Gemeinde, heute würde man Priesterin sagen. Es ist anzunehmen, dass Lydia mit Paulus und Silas das sogenannte Herrenmahl feierte, das sich im Laufe der Zeit zur heutigen Eucharistiefeier entwickelt hat. Lydia hat wohl in der Lehre über Jesus eine innere Heimat gefunden. Indem sie ihr Haus als Feierraum öffnete, spürten auch andere Menschen eine neue Verbundenheit untereinander und zu Jesus, dem Christus.

IMAGINATION – DAHEIM SEIN

Suchen Sie sich einen angenehmen Platz in Ihrer Wohnung, einen bequemen Sessel, eine Matte auf dem Boden oder auch Ihr Bett. Achten Sie darauf, dass Sie gut und angenehm sitzen bzw. liegen. Wenn Sie möchten, können Sie auch eine leise Meditationsmusik einschalten. Sie schließen nun die Augen und gehen mit Ihrer Aufmerksamkeit ganz nach innen. Dabei konzentrieren Sie sich auf Ihren Atem, der kommt und geht. Mit jedem Atemzug strömt das Leben in Sie hinein. Der Atem kommt und geht ganz in Ihrem Tempo. Spüren Sie nun, wie der Atem Ihren Brust- und Bauchraum weitet. Beim Ausatmen geben Sie Ihr Gewicht an den Boden ab. Der Boden, der Sie trägt und Ihnen Sicherheit gibt. Mit jedem weiteren Ausatmen geben Sie noch etwas von Ihrem Gewicht an den Boden ab und werden dabei weit und weich. Lassen Sie anschließend den Atem in Ihre Beine fließen und auch da überlassen Sie mit jedem Ausatmen das Gewicht dem Boden, der Sie trägt. Sie werden weich und weit. Das wiederholen Sie nun mit Ihren Armen, mit Ihrem Schulterbereich und mit Ihrem Kopf. Achten Sie auf Ihre Zunge, öffnen Sie Ihren Mund leicht – die Zunge liegt entspannt in Ihrem Mund.

Lassen Sie nun den Lieblingsort Ihrer Kindheit vor Ihrem inneren Auge erstehen. Nehmen Sie sich Zeit und kommen Sie ganz an diesem besonderen Ort an. Sehen Sie sich um. Was können Sie wahrnehmen? Wie riecht es an diesem so vertrauten und geliebten Ort? Wie fühlen Sie sich? Spüren Sie die besondere Energie? Schauen Sie sich nach vertrauten Menschen um und wenn Sie diese entdecken, gehen Sie zu ihnen. Was möchten Sie diesen Menschen sagen? Hören Sie ganz aufmerksam hin. Falls Ihnen ein Wort, ein Satz zugesagt wird, nehmen Sie es bzw. ihn dankbar in Ihr Herz.

Nun ist es langsam wieder Zeit, Ihren Lieblingsort zu verlassen. Sie können, wenn Sie möchten, jederzeit an diesen Ort zurückkehren. Gönnen Sie sich noch einen letzten Blick zurück. Sie spüren nun wieder den Boden, der Sie trägt und den eigenen Atem – wie er kommt und geht. Sie können sich recken und strecken. Wenn Sie so weit sind, öffnen Sie die Augen. Schauen Sie sich um in Ihrem vertrauten Raum. Lassen Sie sich Zeit und spüren Sie der Erfahrung, die Sie gerade gemacht haben, nach.

verbunden sein
dazu gehören
angesehen werden
angesehen sein
wertschätzung und anerkennung
lässt wachsen und werden
was immer schon
ganz unbemerkt
in dir und mir
geboren werden will

du gott höre meine klage
frau bin ich
und voller sehnsucht
spüre ich den ruf von dir
doch die hüter
meiner kirche
sagen mir das darf nicht sein
du gott höre meine klage
abgeurteilt
schlechtgeredet
ausgegrenzt
wie weh das tut
du gott höre meine klage
dazugehören möchte ich ganz
gott des lebens
schenk mir kraft und segen
für den weg

***Gott, du Lebendige**, ich bin dankbar für die Menschen, die mich auf meinem Lebensweg begleiten. Gott, du Lebendige, sei du in uns und bei uns, möge der Geist der Liebe und des Verstehen-Wollens in uns bleiben. Gott, du Lebendige, segne meine Verbundenheit und hilf mir, ein guter Freund, eine gute Freundin zu sein.*

VOM WASSER DES LEBENS GETRAGEN

Sommer, Sommer, Sommer – viele Aktivitäten im Freien. Die Seen und Schwimmbäder sind gefüllt mit Menschen, die das kühle Nass genießen. Sie kennen das vermutlich auch. Schwimmen, Segeln und neuerdings auch Stand-up-Paddeln machen Spaß und haben einen hohen Erholungswert. Gleichzeitig birgt das Wasser auch viele Gefahren. Gerade dann, wenn plötzlich und unerwartet ein Gewitter oder heftiger Wind aufkommt. Im Markusevangelium wird uns von einem Wirbelsturm erzählt, der die Jünger mitten auf dem See überrascht. Manchmal gerät auch unser Leben von einem Moment zum anderen durcheinander. Wenn uns eine Krankheit oder ein Schicksalsschlag unvermutet trifft und in hohen Wellen über uns hereinbricht, breitet sich Angst und Sorge in uns aus. Wie kann es gelingen in diesen Ausnahmesituationen ruhig zu bleiben und dem Leben zu vertrauen? Ich erinnere mich an meine liebe Freundin Gerti, die mit noch nicht mal fünfzig Jahren an Lungenkrebs erkrankte. Ich habe sie oft besucht und ich bin heute noch dankbar für die wertvollen Gespräche mit ihr. Viele Monate hindurch ein Hoffen, Bangen und Bitten und dann die Erkenntnis, dass es wohl keine Heilung geben wird. Gerti war eine unglaublich lebenslustige Frau und wenn sie das Zimmer betrat, dann hatten ich und wohl auch viele andere den Eindruck, dass die Sonne aufgeht. Sie hat ihr

Leben intensiv und voller Begeisterung gelebt. Sie war eine gute Geschichtenerzählerin und konnte selbst Peinlichkeiten aus ihrem Leben sympathisch und humorvoll teilen. Am besten sind mir ihre Worte kurz vor ihrem Tod in Erinnerung: „Ich habe ein unglaublich schönes Leben gelebt. Ich habe alles reichlich gehabt. Ich bin so dankbar für die wunderbare Zeit mit meiner Familie, mit meinen Söhnen und mit meinen Freunden und Freundinnen. Ich habe einen Beruf ausgeübt, der mir Freude bereitet hat, und ich wurde von so vielen Menschen gemocht und geliebt. In meinem Leben ist nichts offen geblieben."

Seit dieser Zeit habe ich begonnen bei einem Glas Wein auf die Liebe, auf das Leben und auf den Tod anzustoßen. Der Tod eines Menschen aus unserem nahen Umfeld ist die wohl schwierigste Veränderung in unserem Leben, doch sie gehört so wie die eigene Sterblichkeit untrennbar zu unserem Menschsein.

BIBELBETRACHTUNG – STÜRME DES LEBENS

Ich lade Sie ein, den Text aus dem Markusevangelium aufmerksam zu lesen:

> *Am Abend dieses Tages sagte er zu ihnen: Wir wollen ans andere Ufer hinüberfahren. Sie schickten die Leute fort und fuhren mit ihm in dem Boot, in dem er saß, weg; und andere Boote begleiteten ihn. Plötzlich erhob sich ein heftiger Wirbelsturm und die Wellen schlugen in das Boot, sodass es sich mit Wasser zu füllen begann. Er aber lag hinten im Boot auf einem Kissen und schlief. Sie weckten ihn und riefen: Meister, kümmert es dich nicht, dass wir zugrunde gehen? Da stand er auf, drohte dem Wind und sagte zu dem See: Schweig, sei still! Und der Wind legte sich und es trat völlige Stille ein. Er sagte zu ihnen: Warum habt ihr solche Angst? Habt ihr noch keinen Glauben?* (Markus 4,35–40)

Impulsfragen: Wie geht es Ihnen mit Ihrer Angst und mit Ihrem Vertrauen? Was hat Ihnen in der Vergangenheit geholfen, wenn die Stürme des Lebens hereingebrochen sind? Was haben Sie im Text für sich entdeckt?

GETRAGEN SEIN

Legen Sie sich beim Schwimmen auf den Rücken, halten Sie den Atem an und vertrauen Sie darauf, dass das Wasser Sie trägt. Sie können natürlich auch gerne eine Luftmatratze verwenden oder eine Wasserhängematte. Lassen Sie sich vom Wasser tragen. Beobachten Sie dabei den Himmel und genießen Sie das wunderbare Gefühl, das dabei entsteht.

du GOTT
dir will ich vertrauen
in den brüchigen zeiten
wenn altes verloren
und neues fehlt
du GOTT
dir will ich vertrauen
wenn das wasser bis zum hals steht
knapp vor dem absaufen
will ich glauben
dass du rettest
du GOTT
dir will ich vertrauen
zeigen möchte ich mich
brüchig und bedürftig
voller sehnsucht
und licht wird sein
heute

***Gott, du Lebendige**, das Leben trägt mich, wie das Wasser. Ich vertraue darauf, dass alles gut wird. Dankbar bin ich für jeden geschenkten Tag.*

GIPFELERFAHRUNG

Eine Bergtour mit Freunden und Freundinnen oder auch allein gehört für mich und vielleicht auch für Sie zum Sommer unbedingt dazu. Der Weg zum Gipfel ist ein Fest für die Sinne. Die kraftvoll leuchtenden Blumen und der intensive Duft von den verschiedensten Heilpflanzen tun gut und haben heilende Wirkung. Manchmal wird es auch mühsam und anstrengend. Ich spüre dann meinen Körper ganz intensiv. Ich lasse Schritt für Schritt meinen Alltag hinter mir und kann durch den Abstand freier auf meine Lebenszusammenhänge schauen. Ich genieße die Natur und bin dankbar für die wunderbare Schöpfung. Am Gipfel angekommen breitet sich immer wieder neu eine unglaubliche Leichtigkeit in mir aus: einfach nur da sein, den Wind spüren und eintauchen in ein tiefes Glücksgefühl.

Sie kennen sicher auch Momente in Ihrem Leben, in denen sich dieses wohlige Gefühl der Zufriedenheit in Ihnen breit gemacht hat: bei der Geburt eines Kindes, in einer Liebesbeziehung, wenn ein Projekt oder eine Arbeit gut gelungen ist oder wenn Sie in einem kreativen Prozess sind. Unter all den Glücksgefühlen gibt es dann noch herausragende Erfahrungen, bei denen wir uns ganz besonders lebendig gefühlt haben. „Wie im siebten Himmel“ haben wir dann vielleicht gesagt oder gedacht. Der Begründer der humanistischen Psychologie Abraham

Maslow nennt diese außergewöhnlichen Erfahrungen *Gipfelerfahrungen*. Raum und Zeit gehen dabei verloren und wir fühlen uns frei und ganz. Kinder gehen oft in ihrem Spiel so auf, dass sie alles andere ausblenden, um ganz dabei sein zu können. Sie hören und sehen dann auch nichts von dem, was gerade passiert, sie verlieren Zeit und Raum. Maslow ist überzeugt, dass alle Menschen Gipfelerfahrungen machen. Manche erkennen in ihnen eine Form der spirituellen Erfahrung und leben daraus.

Die Verklärung Jesus hat solche Merkmale. Jesus nimmt die Jünger mit auf einen Berg, um zu beten, also um in Verbindung zu kommen mit seiner Quelle, seinem Abba, den wir Gott nennen. Er und seine Jünger gehen ganz in ihrem Gebet auf und machen eine tiefe innere Erfahrung. Jesus Aussehen verändert sich und sein Gewand wird leuchtend weiß. Eine Ikonenschreiberin hat mich bei einem Bibelaustausch darauf hingewiesen, dass dieses Weiß in der Ikonografie nicht etwa mit Deckweiß gemalt wird, sondern in vielen Schichten von transparentem, durchscheinendem Weiß. Jesus wird vor den Augen seiner Jünger verwandelt oder anders gesagt *durchsichtig* und sie bekommen Zutritt zum Transzendenten. Die Wirklichkeit wird durchsichtig hin zum Göttlichen. Während dieser *Gipfelerfahrung* der Jünger erscheinen die Propheten Mose und Elija aus dem ersten Testament – die Erfahrungen der Vorfahren und damit die Heilsgeschichte des Volkes werden lebendig. Petrus will drei Hütten bauen, um die Erfahrung festzuhalten. Doch das ist nicht möglich. Die Stimme Gottes aus der Wolke bekräftigt, was Jesus schon in der Taufe am Jordan zugesagt wurde: „Dieser ist mein auserwählter Sohn“, mit dem Zusatz „auf ihn sollt ihr hören.“ (Lukas 9,35) Die Jünger schweigen über das Erlebte. Gipfelerfahrungen

sind tiefe Erfahrungen, die wir nicht festhalten können und über die wir nicht so einfach sprechen können, weil sie oft jenseits des Sagbaren sind. Nach Maslow sind wir in einer Gipfelerfahrung ganz mit unserem Selbst verbunden. Das wiederum bewirkt, dass wir wohlwollender und liebevoller werden können.

IMPULS – EVEREST UND AMEISENHÜGEL

Unternehmen Sie einen Spaziergang und erinnern Sie sich dabei an besondere Momente, Gipfelerfahrungen in Ihrem Leben.
Der Psychologe Maslow meint, eine Gipfelerfahrung müsse nicht der Everest sein, ein Ameisenhügel täte es auch. Wesentlich ist wohl, dass

Ihnen etwas oder jemand eine tiefere Wirklichkeit gezeigt hat, Sie „verzaubert“ hat.

am gipfel angekommen
am höchsten punkt
das ziel erreicht
erschöpft
erleichtert vielleicht
eröffnet sich
ein unbekannter raum
entgrenzter wirklichkeit
und entzieht sich sogleich
wem könnte ich davon erzählen
wer könnte es verstehen
wer würde mir wohl glauben
meine gipfelerfahrung
weit über raum und zeit hinaus
mein höhepunkt
unsagbar schön

am gipfel
erschöpft und frei
mich lassen
überlassen
dem was sich ereignet
dem was mich berührt

und anrührt
den blick in die ferne
und zugleich ganz im jetzt
umhüllt vom noch im dunkel liegenden morgen
gestärkt durch die ahnen
leuchtet das heute
strahlend weiß
dem göttlichen gleich

***Gott, du Lebendige**, aus meinen Gipfelerfahrungen möchte ich leben. Im Wissen um meine Verbundenheit zu allem, was ist, lasse ich mich auf das Heute ein.*

FRAUEN(T)RÄUME

Der Titel sagt es schon: Es gibt nicht nur den einen Frauentraum. Meine Mutter, 1945 geboren, lebte ein viel einfacheres Leben. Ihr Gestaltungsraum war noch sehr geprägt von den gesellschaftlichen Rahmenbedingungen. Ihr großer Traum war eine Waschmaschine.

Es hat in der Geschichte natürlich immer herausragende, nachdenkliche Frauen gegeben. Manchen ist es gelungen, in den patriarchalen Strukturen einen Platz zu finden. Aufgrund von hervorragenden Leis-

tungen eroberten sie sich zumindest einen kleinen Gestaltungsraum, ein Forum, in dem sie mit ihren Erkenntnissen oder Zugängen zum Leben gehört werden. Andere hingegen wurden marginalisiert und vergessen.

In den biblischen Erzählungen finden wir auch mutige, starke und herausragende Frauen, deren Namen sehr oft nicht erwähnt werden. Schade, könnte man sagen. Doch gleichzeitig komme ich selbst langsam in ein Alter, in dem mir Namen nicht mehr so schnell einfallen. Ich beginne dann zu umschreiben und erzähle damit viel mehr über meine Beziehung zu dieser Person. Im biblischen Kontext fasziniert mich die Erzählung von der Salbung Jesu durch eine Frau in Betanien. Auch da wird uns ihr Name nicht überliefert, sondern wir erfahren viel mehr von ihrer tiefen Verbundenheit zu Jesus. Sie, die kostbares Nardenöl in einem Alabastergefäß mitbringt, das ein Vermögen, einen Jahreslohn, wert ist, überschreitet gesellschaftliche und religiöse Grenzen. In einem hochdramatischen Akt salbt sie Jesus, und zwar nicht wie in der bekannteren Version die Füße, sondern das Haupt und damit den ganzen Leib. Die Frau stört die Tischgemeinschaft der Männer.

Wie viel Mut hat diese Frau wohl gebraucht, um diesen den Männern vorbehaltenen Raum zu betreten? Sie lebt ihre Berufung. Sie lebt das, was sie in ihrem Inneren spürt, und vollzieht ein Ritual. Sie überschreitet Grenzen, nicht still und leise, sondern provokant und Aufsehen erregend. Und prompt wird sie von den Männern gerügt: Wie kann „frau" nur so verschwenderisch mit dem kostbaren Öl umgehen? Wieviel Gutes hätte man da für die Armen tun können? Jesus erkennt die Größe dieser Frau, die – wie er sagt – im Voraus seinen Leib zu seinem Begräbnis salbt. „Auf der ganzen Welt, wo das Evangelium verkündet wird, wird man auch erzählen, was sie getan hat, zu ihrem Gedächtnis", so seine Worte nach dem Markusevangelium. (Markus 14,9) Doch leider wurde das im Laufe der Kirchengeschichte vergessen. So darf ich Sie mit einem bekannten Zitat ermutigen: „Sei du selbst die Veränderung, die du dir wünscht für diese Welt."

KREATIVÜBUNG – TRAUM UND SEHNSUCHT

Nehmen Sie ein großes Blatt Papier und einen Stift. Stellen Sie sich nun diese Fragen: Wovon träume ich? Was ist meine große Sehnsucht? Was möchte ich verändern? Beginnen Sie nun einfach zu zeichnen – zu „kritzeln", so wie Sie es vielleicht manchmal beim Telefonieren tun.

Wenn Ihnen wichtige Worte einfallen, schreiben Sie die bitte auf. Wenn Sie genug gezeichnet haben, nehmen Sie Farbstifte zur Hand und bemalen die entstanden Leerräume ganz intuitiv. Anschließend betrachten Sie das entstandene Bild. Schreiben Sie dann einen oder mehrere Sätze, die mit „ich will“ beginnen.

frauenleben

ich will, ich will
ich will
sei still
bescheiden sollst du sein
du wirst gebraucht
tu deine pflicht
das ist genug
ich will, ich will
ich will
der ruf in mir
er wird nicht still
ent-scheide dich
was fällt dir ein
du darfst das nicht
das geht doch nicht
ich will, ich will
ich will
ich bleibe nicht mehr still
und lebe das

was in mir wohnt
und plötzlich wird es
in mir still
ich bin, ich bin
ich bin

frauenraum
lebensraum
unerhört so oft
trau dich
riskiere mutig
er-hör den ruf
den un-er-hörten
die tiefen schluchten
verbinde du
der abgrund möge dich nicht schrecken
sei brückenbauerin
im widerstand
sei stark
bleib DU
und werde DU

Gott, du Lebendige, *meinen Traum, meine tiefe Sehnsucht, die in mir wohnt, möchte ich erkennen. Gott, du Lebendige, schenke mir Mut, Kraft und Ausdauer für meinen Traum. Gott, du Lebendige, möge mein Tun dem Leben dienen.*

GOLDMARIE

Sie kennen vermutlich das Märchen von Frau Holle mit der Goldmarie und der Pechmarie. Letztere ist vermutlich eine spätere Ergänzung durch die Gebrüder Grimm. So lade ich Sie ein, mit mir auf die Erzählung der Goldmarie zu schauen: Ein Mädchen ist fleißig und schön, gleichzeitig ungeliebt und, wie es im Märchen heißt, das „Aschenbrödel" im Haus. Jeden Tag geht die junge Frau zum Brunnen, um zu spinnen, bis ihre Finger blutig sind. Sie spinnt im Märchen Flachs oder Wolle, was durchaus für das Spinnen des eigenen Lebensfadens stehen kann. Eines Tages gleitet ihr die Spindel aus der Hand und fällt in die Tiefe. „Du hast die Spule herunterfallen lassen, so hol sie auch wieder herauf!", so die harten Worte der Mutter im Märchen.

Das Mädchen nimmt all ihren Mut zusammen und springt in den tiefen Brunnen. Es verliert die Besinnung und als es erwacht, findet es sich auf einer bunten Wiese wieder. Der Sprung in den eigenen Brunnen, der Sprung in unser Inneres, braucht viel Mut und Entschlossenheit. Gleichzeitig eröffnet sich denen, die sich trauen, eine große Vielfalt. Auf dem Weg begegnen dem Mädchen einige Herausforderungen: Da rufen das Brot, das bereits fertig gebacken ist, und die Äpfel, die reif sind, nach dem Kind. Und das Mädchen antwortet, indem es verantwortungsvoll und damit erwachsen handelt. Im Märchen geht es also auch um das Erwachsenwerden und um Reifung. Frau Holle – die weise Gestalt in uns – eröffnet der jungen Frau alle wesentlichen Zugänge zum Leben.

Nach einem Jahr, in dem die junge Frau alle Jahreszeiten durchlebt hat, bekommt sie ihre Spule und damit ihren Lebensfaden zurück. Sie wird am Torbogen, der sie wieder in den Alltag zurückbringt, mit Gold überschüttet. Reich beschenkt, erwachsener und reifer ist sie nun, die Goldmarie. Sie hat, wie es die Theologin, Musik- und Psychotherapeutin Monika Renz in ihrem Buch „Erlösung aus Prägung" nennt, eine „Umkehr zum innersten Wesen" vollzogen. „Mit Umkehr ist nicht ein langer Bußgang gemeint, sondern ein tiefes menschliches Wollen, eine Umwendung im Geist oder – nach dem antiken Denken – eine Herzensangelegenheit. Umkehr heißt Hineinwendung, Umsinnen und ist vorstellbar als ein Freiwerden, wo zuvor Besetztsein war, als Bewusstwerdung eigener Schattenaspekte, als ein Prozess hin zu neuem Bezogen-Sein. Dabei begegnet man dem inneren Kind und Wesen."

Lesen Sie auf diesem Hintergrund den Beginn des Markusevangeliums:

> *Nachdem Johannes ausgeliefert worden war, ging Jesus nach Galiläa; er verkündete das Evangelium Gottes und sprach: Die Zeit ist erfüllt, das Reich Gottes ist nahe. Kehrt um und glaubt an das Evangelium!* (Markus 1,14)

Umkehren oder umdenken meint, frei zu werden für das, was immer schon in uns angelegt ist. Dazu gehört eine tiefe Verbundenheit mit der Natur und der verantwortliche, erwachsene Umgang mit dieser genauso wie die Wertschätzung, ja die Liebe zum Leben in all seinen Formen.

Man könnte sagen, das Reich Gottes, also das gute und wahrhaftige Leben, ereignet sich immer da, wo Menschen sich *hineinwenden* – nach innen gehen und dem Leben vertrauen. Das Bild von Elisabeth Rastbichler auf Seite 137 spricht von diesem Hineinwenden und zeigt eine Fülle von Farben und Bewegungen.

BESCHENKT UND VERANTWORTLICH

In einem ersten Schritt lade ich Sie zu einer Bildbetrachtung (S. 137) ein: Lassen Sie zuerst einmal das Bild auf sich wirken. Was können Sie erkennen? Welche Gefühle regen sich dabei? Welche Gedanken kommen Ihnen? Schreiben Sie Ihre Entdeckungen nieder.

In einem zweiten Schritt lesen Sie bitte das Gedichte. Lassen Sie sich dabei Zeit. Lesen Sie den Text mehrmals und achten Sie darauf, was sich in Ihnen regt. Auch da bitte ich Sie, Ihre Entdeckungen aufzuschreiben. Am Ende der Woche lesen Sie das Geschriebene und verfassen einige Zeilen, die mit „Beschenkt bin ich durch …“ oder „Verantwortlich bin ich für …“ beginnen.

eingeladen bin ich
tag für tag
zum großen fest
des lebens
bedingungslos
werd ich gerufen
bekleidet mit dem
kleid der liebe
gewirkt aus
wunderbaren Fäden
des wohlwollens
der wertschätzung
und dem starken willen nach beziehung
gehöre ich
zum reich der himmel
heute schon

***Gott, du Lebendige**, der Sprung in meinen Brunnen, der Sprung in mein Inneres braucht all meinen Mut. Stärke mich in dem Vertrauen, dass du in meinem innersten Raum auf mich wartest. Gott, du Lebendige, stärke mich und ermutige mich auf diesem Weg der Erneuerung.*

WALDBADEN

Waldbaden ist in den letzten Jahren sehr beliebt geworden. Viele Menschen haben die positive Wirkung auf Körper und Seele entdeckt. Der achtsame Aufenthalt im Wald und der damit einhergehende enge Kontakt mit der Natur soll entschleunigen und den Energiehaushalt des Körpers neu füllen. Die von den Bäumen erzeugten Botenstoffe, Terpene genannt, werden beim Einatmen aufgenommen und haben eine aufbauende Wirkung für unseren Organismus. Gehen Sie also gemütlich und unangestrengt durch den Wald. Tauchen Sie ohne Druck in die wunderbare Atmosphäre ein und überlassen Sie sich dem, was Ihnen begegnet.

Die Körperübung dieser Woche kann Sie dabei unterstützen, ganz im Augenblick zu sein. Wenn möglich schalten Sie Ihr Handy aus und genießen Ihre Auszeit. Mystiker und Mystikerinnen haben erkannt, dass es eine Form des Gebetes ist, ganz im *Augenblick*, ganz im *Jetzt* zu sein. Auch Jesus hat sich immer wieder zurückgezogen, um vom Außen ins Innen zu kommen – um zu sich selbst und ins Gespräch mit seinem himmlischen Abba zu kommen. Ein Beispiel dafür finden wir im Matthäusevangelium, unmittelbar nach der Speisung der Fünftausend:

Nachdem er sie [die Menschen] weggeschickt hatte, stieg er auf einen Berg, um für sich allein zu beten. Als es Abend wurde, war er allein dort. In der vierten Nachtwache kam er zu ihnen; er ging auf dem See. (Matthäus 14,22–23.25)

Der Priester, Bibelwissenschaftler und Dichter Wilhelm Bruners schreibt in einer Predigt, Jesus konnte im Gebet durch sein *Einssein* mit seinem Abba, mit Gott, die Schwere ablegen und leicht werden. Das ließ ihn auf dem Wasser gehen.

KÖRPERÜBUNG – LEICHT WERDEN

Suchen Sie sich einen guten Platz in der Natur. Wenn möglich ziehen Sie Ihre Schuhe aus. Sie spüren den Boden unter Ihren Füßen. Sie spüren Ihren Körper und nehmen ihn achtsam wahr. Wie fühlen Sie sich? Verlagern Sie nun Ihr Körpergewicht auf den großen Zeh des rechten Beines, dann auf den kleinen Zeh und anschließend auf die Ferse.

Durch diese kleine Bewegung kommen Sie ganz leicht ins Schwingen. Das Knie ist locker, das Becken bewegt sich nicht. Wenn Sie das einige Male vollzogen haben, wiederholen Sie diese Bewegung mit dem linken Bein. Anschließend verbinden Sie beide Seiten mit einer liegenden Acht. Also: großer Zeh, kleiner Zeh, Ferse – rechtes Bein und dann weiter: großer Zeh, kleiner Zeh, Ferse – linkes Bein. Werden Sie nun größer mit Ihren Bewegungen. Nehmen Sie zuerst die Knie und nach einer Weile das Becken mit. Die Schulter wird in einem nächsten Schritt mit in die Bewegung genommen. Die rechte Schulter geht nach vorne, wenn das Gewicht am rechten großen Zeh liegt, und nach hinten, wenn das Gewicht über den kleinen Zeh zurück auf die Ferse geht und so weiter. Schließlich nehmen Sie die Arme mit in die Bewegung. Wenn die Schulter nach vorne geht, nehmen Sie den jeweiligen Arm mit dem Handrücken nach oben nach vor und wenn die Schulter nach hinten zieht, führen Sie den Arm mit der Handfläche nach oben nach hinten. Die Bewegung der Arme wird größer und größer. Es entsteht dabei das Gefühl des Fliegens.

Anschließend werden die Bewegungen wieder kleiner. Sie lassen langsam die Arme weg, dann die Schultern, dann das Becken und die Knie bis hin zu der kleinen Bewegung, mit der Sie begonnen haben. Zum Abschluss legen Sie die Hände auf den Bauch und gehen mit Ihrer Aufmerksamkeit wieder durch Ihren Körper. Wie fühlt er sich jetzt an?

wie eine schale
da und dort gebrauchspuren
angeschlagen vom leben
abgeschliffen vielleicht

das muster
unter einer staubschicht
des vergessens
schreit nach reinigung
um strahlend schön
dem urbild zu folgen
angeschlagen und abgeschliffen
vollkommen zugleich

Gott, du Lebendige, *ganz da sein möchte ich und verbunden mit dir. Gott, du Lebendige, ganz da sein möchte ich und nach innen hören. Gott, du Lebendige, segne mich und lass mich leichtfüßig durch das Leben gehen.*

BROT UND DER HUNGER NACH LEBEN

Meine Mutter hat beinahe jede Woche Brot gebacken. Der Teig wurde von ihr noch mühsam mit der Hand geknetet. Der unverwechselbare Duft von frisch gebackenem Brot vermittelt mir bis heute ein tiefes Gefühl von Geborgenheit und Gemeinschaft. Aus diesem Grund gehe ich sehr achtsam mit Brot um. Faszinierend ist für mich, dass aus Wasser und Mehl Sauerteig, ein bekanntes und bewährtes Backtriebmittel, hergestellt werden kann. Bäcker nutzen ihre Sauerteigkulturen oft über

Jahrzehnte, da das Backergebnis immer besser wird. Eine kleine Portion des angesetzten Teiges vermischt mit Mehl, Wasser und Gewürzen reicht aus, um große Mengen Brot herzustellen.

In der Bibel finden wir viele Erzählungen über dieses Grundnahrungsmittel. Im Matthäusevangelium beeindruckt mich folgendes Gleichnis: „Mit dem Himmelreich ist es wie mit dem Sauerteig, den eine Frau nahm und unter drei Sea Mehl verbarg, bis das Ganze durchsäuert war." (Matthäus 13,33) Das Himmelreich scheint also aus den einfachen Zutaten des Lebens zu bestehen. Den Sauerteig sollte man an einem warmen Ort ansetzen und dann muss er fünf Tag lang immer wieder mit Mehl und Wasser „gefüttert" werden. So braucht wohl das Reich der Himmel, auch Reich Gottes genannt, viel Herzenswärme, Zuneigung und Wohlwollen, um sich in der Welt auszubreiten.

Die Augustsammlung der österreichischen Caritas erinnert jedes Jahr neu an die vielen Hungernden auf der Welt. Gleichzeitig denke ich an diejenigen, die in ungerechten Strukturen oder in Kriegsgebieten unter Verfolgung und Folter leiden oder um ihr Leben bangen müssen. Auch sie hungern nach einem Leben in Freiheit. Manche suchen über das Mittelmeer oder andere Fluchtrouten ein neues Zuhause. Viele scheitern auf ihrem Weg. Mögen wir einen Weg finden, mit ihnen unser Brot und unsere Heimat zu teilen.

IMPULS – BROT BACKEN

Ich lade Sie ein, in dieser Woche Brot zu backen – vielleicht sogar mit dem eigenen angesetzten Sauerteig oder mit einem, den Sie beim Bäcker gekauft haben. Falls das Backen für Sie nicht möglich ist, kaufen Sie in Ihrer Bäckerei ein Brot. Manche von Ihnen kennen vielleicht noch das Ritual, bei dem drei Kreuzzeichen mit dem Messer auf das Brot gezeichnet werden. Sie können dabei Ihre Dankbarkeit für das Brot, die Dankbarkeit für jene, die es zubereitet haben, sowie die Bitte, dass es Sie nährt und Ihnen guttun möge, zum Ausdruck bringen. Bevor Sie es essen, können Sie das Vaterunser („Mutter und Vater unser") beten. Beten Sie langsam und achtsam. Anschließend können Sie eine Kerze entzünden für alle Menschen, mit denen Sie verbunden sind. Sie können ihre Namen aussprechen und sie segnen. Sie können auch eine Bitte für die Hungernden nach Brot und Gerechtigkeit formulieren. Anschließend lade ich Sie ein, das Lied „Ubi caritas et amor, Deus ibi est" (lat. wo die Güte und die Liebe wohnen, da wohnt Gott) zu singen. Zum Abschluss essen Sie das Brot langsam und achtsam.

hungrig
nach brot und nach liebe
nach heimat und wärme
hungrig
nach dem wort
das leben verheißt
hungrig
gib du ihnen
den vielen
gib du was du hast
es reicht doch für alle
das brot
und die liebe
die heimat
und das wort
und alle werden satt

Gott, du Lebendige, *ich bin dankbar für das tägliche Brot. Gott, du Lebendige, schaue auf alle, die heute hungern nach Brot, nach Frieden und Gerechtigkeit. Höre ihre Not und sei du ihnen nahe.*

GESTILLT

Ich erinnere mich sehr gerne an die Zeit, als meine Kinder noch ganz klein waren. Der selige Blick eines gestillten Kindes hat sich tief in meine Seele als Inbegriff von Zufriedenheit eingeprägt.

Manchmal wünsche ich mir in meinem gut gefüllten Leben eine kurze Auszeit. Ein Heraustreten aus den vielen verschiedenen Aufgaben hinein in eine Ruhe, die bis in meinen Leib hinein spürbar ist. Eine Woche, die nur mir gehört und in der ich nichts leisten muss. Ich darf mich dann auf das einlassen, was auf mich wartet, im Sinne von Rainer Maria Rilke, der von der Gegenwart, die mir entgegenwartet, spricht. Ich bin immer wieder von Neuem überrascht, was sich in der Stille, im Ungeplanten, ereignet. Es ist erstaunlich, wie vielfältig und berührend diese Zeit sein kann. Im Psalm 131,2 wird meine Sehnsucht gut ins Wort gebracht:

Vielmehr habe ich besänftigt, habe zur Ruhe gebracht meine Seele. Wie ein gestilltes Kind bei seiner Mutter, wie das gestillte Kind, so ist meine Seele in mir.

MEDITATION – EINFACH DA SEIN

Ich lade Sie ein, sich hinzulegen und den Psalmvers mehrmals zu lesen. Dann schließen Sie die Augen und wiederholen den Text.

Anschließend halten Sie eine Stille, um ihn danach noch einmal laut zu sprechen.
Achten Sie dabei auf Ihren Körper. Wie ist Ihre Atmung? Legen Sie beide Hände auf Ihren Unterbauch und wiederholen Sie den Bibeltext. In der Stille danach versuchen Sie einfach da zu sein, konzentrieren Sie sich für einige Zeit auf das Ein- und Ausatmen. Sie bestimmen selbst, wie lange es gut für Sie ist. Beim Einatmen können Sie die Silbe „ge“ und beim Ausatmen „stillt“ denken. Zum Abschluss sprechen Sie den ganzen Text noch einmal und öffnen dann langsam die Augen. Lassen Sie sich Zeit. Recken und strecken Sie sich und anschließend machen Sie einen tiefen Atemzug.
An einem der folgenden Tage lesen Sie den Bibelvers erneut einige Male laut. Anschließend wählen Sie drei Worte aus und schreiben diese jeweils auf ein Blatt Papier. Schreiben Sie zu jedem Wort einfach alles, was Ihnen in den Sinn kommt. Jeder Gedanke ist erlaubt, ja sogar erwünscht. In einem nächsten Schritt lesen Sie das Geschriebene. Mit einem Textmarker markieren Sie nun Worte, die sich wiederholen oder die Ihnen ganz besonders wichtig erscheinen. Zum Abschluss dieser Übung schreiben Sie einen Text, in dem alle markierten Worte

vorkommen. Das kann ein Gedicht sein oder eine Geschichte – selbst erlebt oder erfunden und erträumt.

still
ganz still
solls werden in mir
das jammern und klagen
das gebe ich dir
still
ganz still
solls werden in mir
das suchen im netz
das lesen der nachrichten
das gebe ich dir
still
ganz still
solls werden in mir
hören will ich
die leise stimme
von dir
in mir
du GOTT des lebens

Gott, du Lebendige, *ich bin da und still. Ganz still darf es werden in mir.*
Gott, du Lebendige, hören möchte ich auf deine Stimme mitten im Heute.

ZUHÖREN UND LERNEN

Schma Jisrael oder *Schema Jisrael* (heb. Höre Israel) – so beginnt das tägliche Gebet im Judentum. Aktiv zuzuhören und den Worten mit Interesse Gehör zu schenken ist eine Wohltat für das Gegenüber. Mit Wohlwollen das Ungesagte dazwischen zu erlauschen oder man könnte auch sagen, mit allen Sinnen präsent zu sein, ist eine Grundbegabung des Menschen, die sehr viel Selbstdisziplin erfordert. Manchmal ist es eine große Herausforderung, sich auf die Gedanken und Sinnzusammenhänge eines Menschen einzulassen, der vielleicht ganz anders denkt. Gleichzeitig empfinde ich es, wenn es gelingt, sehr oft spannend und lehrreich.

Ein biblisches Beispiel dafür ist die Erzählung von der syrophönizischen Frau. Jesus, der gerade aus einem Konfliktgespräch mit den Pharisäern kommt und vielleicht Ruhe und Entspannung sucht, wird von einer Nichtjüdin um Heilung für ihre Tochter gebeten. Zuerst einmal gibt Jesus ihr keine Antwort. Doch die Frau gibt nicht auf. Steht doch das Leben ihrer Tochter auf dem Spiel. Den Jüngern und Jüngerinnen ist das Geschrei der Frau lästig. „Schick sie fort, denn sie schreit hinter uns her!“, rufen sie. Und auch Jesus weist die Frau ab, mit den Worten: „Ich bin nur zu den verlorenen Schafen des Hauses Israel gesandt. Es ist nicht recht, das Brot den Kindern wegzunehmen und den kleinen

Hunden vorzuwerfen." (Matthäus 15,24–25) Die namenlose Frau lässt sich von den harten Worten Jesus nicht vertreiben. Ganz im Gegenteil, sie lässt sich auf seine Worte ein und denkt in seinen Sinnzusammenhängen weiter, indem sie sagt: „Ja, Herr! Aber selbst die kleinen Hunde essen von den Brotkrumen, die vom Tisch ihrer Herren fallen." (Matthäus 15,27) Damit ermöglicht sie Jesus eine neue Erkenntnis. Jesus erkennt ihr großes Vertrauen, ihren großen Glauben und lernt von der Frau. Dieses Aufeinander-Hören kann für uns Wegweiser für jegliches Beziehungsgeschehen werden.

Eine besondere Beziehung ist auch die zum eigenen Leib. In dieser Woche möchte ich Sie einladen, mit Ihrem Körper in Beziehung zu treten, auf ihn zu hören und vielleicht von ihm zu „lernen".

KÖRPERÜBUNG – BODENKONTAKT

Legen Sie sich auf den Rücken. Achten Sie darauf, dass Sie gut liegen, vielleicht benötigen Sie ein Kissen oder eine Nackenrolle. Nun schließen Sie die Augen und gehen mit Ihrer Aufmerksamkeit durch Ihren Leib. Nehmen Sie einfach wahr, was Ihr Körper Ihnen sagt. Achten Sie darauf, wo Sie Bodenkontakt haben. Anschließend fassen Sie mit Ihren Händen unter die Kniekehlen und ziehen Ihre Knie so weit wie möglich zum Körper. Der Beckenboden ist dabei angespannt. Nun schaukeln Sie langsam nach rechts und nach links. Nach einigen Wiederholungen legen Sie das rechte Bein gestreckt auf den Boden, die Zehen spannen Sie in Richtung Decke an, das linke Bein ziehen Sie so wie vorhin zur Brust. Nun versuchen Sie, das linke Bein nach oben durchzustrecken, ziehen das Bein mit beiden Händen heran, die Zehen strecken sich in Richtung Nase. Halten Sie die Spannung einige Zeit. Dann stellen Sie das Bein langsam ab und legen es gestreckt neben das rechte Bein. Vielleicht spüren Sie einen Unterschied zwischen den beiden Beinen. Wiederholen Sie anschließend die Übung mit dem rechten Bein. Nach ein paar Atemzügen gehen Sie so wie zu Beginn mit Ihrer Aufmerksamkeit durch Ihren Körper. Achten Sie darauf, wo Ihr Leib *jetzt* Bodenkontakt hat. Vielleicht hat sich etwas verändert. Nehmen Sie wahr, was jetzt im Vordergrund ist. Atmen Sie einige Male langsam ein und aus. Anschließend stehen Sie bedachtsam auf. Wenn möglich drehen Sie sich dabei auf die Seite und gehen zuerst in den Kniestand. Sie spüren den Boden unter Ihren Füßen, den Boden, der Sie trägt und Ihnen Sicherheit gibt. Dann falten Sie Ihre Hände und verneigen sich für das, was Ihnen heute zugefallen ist.

ein ton klopft
an meinen körper
findet einlass
und weitet mich
ein ton berührt
und verändert
die farben in mir
ganz langsam
wird es weit
und leuchtet
hell in mir

Gott, du Lebendige, *da sein möchte ich und hören, was du in mir sprichst.*

SONNENBLUME, ACH WIE SCHÖN!

Im Herbst leuchten aus vielen Gärten wunderbare Sonnenblumen. Sie wenden ihre Blüte immer der Sonne zu. Ihr leuchtendes Gelb fasziniert mich jedes Jahr neu. Vincent van Gogh hat mit seinen strahlenden Sonnenblumenbildern eine fröhliche und aufmunternde Lebensstimmung auf die Leinwand gebracht. Die Intensität dieser Bilder ist beeindru-

ckend. Die Sonnenblume, ein Symbol für Licht, Leben, Fruchtbarkeit, Gesundheit, Weisheit und Treue findet sich auf vielen herbstlichen Motiven wieder. So wie sie sich nach der Sonne richtet, sind auch wir eingeladen, uns nach Gott auszurichten.

Ignatius von Loyola, der wichtigste Mitbegründer und wesentlicher Gestalter der Gesellschaft Jesu, des Jesuitenordens, brachte dieses Sich-Ausrichten auf Gott hin sehr prägnant und einfach ins Wort: „*Gott in allen Dingen suchen, im Sprechen, im Gehen, Sehen, Schmecken, Hören, Denken, überhaupt in allem, was wir tun.*" Demnach finden wir Gott mitten im Alltäglichen oder, man könnte auch sagen, Gott ereignet sich dort. Auch Jesus lässt sich auf die Gegebenheiten in der Natur ein und lädt ein, so das Reich Gottes zu entdecken. Ein Beispiel dafür ist das Gleichnis vom Senfkorn in Markus 4,30–32, wo es heißt:

> *Er sagte: Womit sollen wir das Reich Gottes vergleichen, mit welchem Gleichnis sollen wir es beschreiben? Es gleicht einem Senfkorn. Dieses ist das kleinste von allen Samenkörnern, die man in die Erde sät. Ist es aber gesät, dann geht es auf und wird größer als alle anderen Gewächse und treibt große Zweige, sodass in seinem Schatten die Vögel des Himmels nisten können.*

IMAGINATION – SONNENBLUMENFELD

Suchen Sie sich einen feinen Platz in Ihrer Wohnung, in einem bequemen Sessel oder in Ihrem Bett, in der Hängematte oder an Ihrem Lieblingsplatz in der Natur. Dann nehmen Sie eine bequeme Haltung ein, in der Sie einige Zeit gut verbringen können. Wenn Sie wollen, können Sie eine zarte Musik einschalten.

Nun schließen Sie die Augen und lassen vor Ihrem inneren Auge ein Sonnenblumenfeld entstehen. Sie begeben sich dann mitten in das Feld hinein. Sie spüren den Wind, der die Sonnenblumen hin- und herwiegt und Sie können, wenn Sie möchten, die Bewegung aufnehmen und mitschwingen. Sie können damit Teil des Feldes werden. Sie richten Ihren Blick der Sonne entgegen und lassen sich von ihren Strahlen wärmen. Sie spüren die vielen Samen, die in Ihnen wachsen und reifen. Sie spüren Ihre kräftigen Wurzeln und das fette Erdreich, das Sie nährt und Ihnen Halt gibt. Genießen Sie die Wärme der Sonne

und das leise Streicheln des Windes. Wenn Sie möchten, können Sie den Satz: „Gott, du Lebendige, bist mein Boden, auf dem ich sicheren Halt finde“ mehrmals wiederholen.
Anschließend öffnen Sie Ihre Augen, holen sich Papier und Stifte und malen, ohne zu überlegen, einfach drauflos. Wenn Sie damit fertig sind, wählen Sie einen Titel für Ihr Bild. Suchen Sie einen guten Platz dafür, an dem Sie immer wieder vorbeigehen. Wenn Ihnen im Laufe der Woche das eine oder andere zu Ihrem Bild einfällt, dann schreiben Sie es in das Bild hinein oder auf ein separat angebrachtes Blatt. Nehmen Sie sich am Ende der Woche Zeit, das Bild und die hinzugefügten Gedanken noch einmal zu betrachten.

geerdete sehnsucht
wurzelt sich ein
im boden des alltags
wächst ohne mein zutun
treibt zweige der liebe
und wird zum unbeschwerten nistplatz
für das leben von morgen
und ohne es zu ahnen
hat reich gottes
sich ereignet
still und geheimnisvoll

Gott, du Lebendige, *du bist mein Boden, auf dem ich sicheren Halt finde.*

EINE MUTIGE FRAU

Eine mutige Frau war sie schon, die heilige Notburga, eine Dienstmagd aus dem 13. Jahrhundert. 1256 in Rattenberg als Tochter eines Hutmachers geboren trat sie bereits in jungen Jahren in den Dienst von Heinrich I. von Rottenburg. Bald schon übernahm sie die Verantwortung für die Schlossküche und den Weinkeller. Notburga, die ein Herz für die Armen und Benachteiligten hatte, begann die Reste der herrschaftlichen Tafel an die Bedürftigen zu verteilen. Doch das war der nachfolgenden Herrschergeneration unter Heinrich II. gar nicht recht und man gebot ihr, die Essensreste an die Schweine zu verfüttern. Daraufhin sparte Notburga ihre eigenen Essensrationen auf, um sie mit den Notleidenden zu teilen. Als sie eines Tages wieder Essen und Wein zu den Armen tragen wollte, wurde sie am Burgtor kontrolliert. Auf die Frage, was sie da bei sich hätte, antwortete sie: „Holzspäne und Lauge." Und tatsächlich: Als Heinrich II. nachsah, hatten sich die Speisen in Holzspäne und der Wein in Lauge verwandelt. Trotzdem wurde sie gekündigt.

Ihre zweite Anstellung fand sie bei einem Bauern in Eben am Achensee. Notburga erbat sich das Recht, am Abend nach dem ersten Glockengeläut ihre Arbeit niederzulegen, um zu beten. Nachdem eines Abends ein Unwetter aufkam und der Bauer sie nicht gehen lassen wollte, kam es zum bekannten Sichelwunder. Der Künstler Hartwig

Unterberger hat das in seinem Bild hervorragend zum Ausdruck gebracht. Sie warf ihre Sichel in den Himmel und diese blieb – so die Legende – an einem Sonnenstrahl hängen. Der Bauer erschrak und ließ sie gewähren. Notburga setzte sich also nicht nur für die Bedürftigen ein, sondern erkannte schon damals, dass ein Dienstherr nicht alle Rechte hat. Man könnte sagen, sie war so etwas wie die erste Gewerkschafterin. Sie starb im Jahr 1313 und wurde schon bald darauf als Heilige verehrt.

Die heilige Notburga setzte sich in verschiedenen Bereichen für Gerechtigkeit ein. In ihrem kleinen und begrenzten Raum gelang es ihr, das Reich Gottes und seine umfassende Gerechtigkeit erfahrbar zu machen. So wie Notburga sind wir wohl alle zur Heiligkeit berufen in dem Sinn, dass wir uns für das Heil – in heutige Worte gekleidet: für das gute Leben – möglichst vieler einsetzen.

KÖRPERGEBET – MEINE HÄNDE GENÜGEN

Stellen Sie sich beckenbreit hin und spüren Sie den Boden unter Ihren Füßen. Nun stellen Sie sich vor, dass von den Außenkanten Ihrer Füße ein Faden zu Ihren Händen gespannt ist. Anschließend ziehen Sie Ihre Hände mit gestreckten Armen bis in Schulterhöhe. Sie öffnen sich dabei weit. Ausgespannt zwischen Himmel und Erde spüren Sie nun der Spannung nach, um dann langsam die Hände ganz nach oben zu ziehen. Bilden Sie nun eine Schale über Ihrem Kopf. Nehmen Sie alles dankbar an, was Ihnen täglich zufließt.

Anschließend falten Sie Ihre Hände und setzen Sie auf Ihrem Kopf ab mit dem Gedanken, dass sich das Zugeflossene mit Ihrem Denken verbindet. Halten Sie die gefalteten Hände vor die Augen und öffnen Sie dann die Hände –*weiten* Sie Ihren Blick. Sie nehmen Einsicht in das Leben. Danach legen Sie Ihre Hände auf Ihr Herz, um gleich darauf die Arme weit auszubreiten – für das Leben. Bringen Sie nun dieses Leben auf die Erde, indem Sie sich bücken und Kontakt mit dem Boden aufnehmen. Schöpfen Sie nun aus der Kraft der Erde.

Anschließend stehen Sie auf, öffnen Ihre Arme und umarmen symbolisch die Welt, um dann die Hände geöffnet wie eine Schale vor Ihrer Körpermitte zu halten. Schauen Sie nun in Ihre Hände mit dem Gedanken: „Alles, was in diesen beiden Händen Platz hat, ist genug. Das kann ich tun.“ Anschließend legen Sie beide Hände auf Ihren Bauch, machen einen tiefen Atemzug und beenden damit die Übung.

du erdling
unverwechselbar
einzigartig
bewohnt von licht und schatten
eingebunden im fluss des lebens
wächst im acker
deines lebens
dein lebensschatz
suche und finde
gerechtigkeit
und himmel ereignet sich
mitten im heute

Gott, du Lebendige, *mutig und kraftvoll will ich mich in meinem Wirkungsbereich einsetzen für ein gutes Leben.*

HOCH HINAUS

„Oma, schau!" ruft meine Enkelin, wenn sie wieder einmal einen großen Turm gebaut hat. Je höher das Bauwerk, umso lustvoller. Und wenn dann der Turm zusammenkracht, höre ich sie lauthals lachen, um anschließend sofort mit ihrem nächsten „Projekt" zu beginnen.

Beim Kleinkind gilt das Interesse dem Bauen und Ausprobieren von verschiedenen Möglichkeiten.

Beim Wandern entdecke ich immer wieder aufeinandergestellte Steine, sogenannte Steinmännchen, die manchmal zur Orientierung dienen. Sie haben vielleicht auch schon mit einem oder mehreren Steinen vorsichtig weitergebaut. Ein gemeinsamer Turm entsteht, wobei die Erbauer oder Erbauerinnen unbekannt bleiben. Auch da ist die Lust am Bauen im Vordergrund. Es scheint eine Ursehnsucht des Menschen zu sein. Teil eines großen Ganzen zu sein, ist vielleicht auch ein Motiv im Hintergrund. Beinahe absichtslos entstehen wunderbare Kunstwerke. Wenn dann ein Steinmännchen zusammenbricht, weil ein Stein unvorsichtig dazugelegt wurde, höre ich ein bedauerliches „Mei, schod“ oder „Oje“. Das klingt so ganz anders als das fröhliche Lachen meiner Enkelin, die, wie vorhin bemerkt, einfach Lust am Gestalten hat.

In der biblischen Erzählung vom Turmbau zu Babel (Genesis 11) will ein ganzes Volk eine Stadt mit einem Turm bis zum Himmel bauen. Ein sehr ehrgeiziges Unternehmen. Die Lust am Bauen scheint verloren. Vielmehr geht es nun darum, einzigartig und herausragend zu sein. Im

Laufe der Geschichte hat es immer wieder Versuche gegeben, als Volk etwas Besonderes zu schaffen. Die letzte katastrophale Form war der Versuch ein „Drittes Reich" zu schaffen. Die Sehn*sucht,* in der die *Suche* und die *Sucht* nach dem Besonderen im Vordergrund steht, verliert an Leichtigkeit und Freude. Das Verbindende tritt in den Hintergrund und das Streben nach Macht und oftmals auch Geld in den Vordergrund. In der biblischen Erzählung wird von einer Sprachverwirrung gesprochen. Den Menschen gelingt es nicht mehr, einander zu verstehen. Sie scheinen besessen zu sein von der fixen Idee, etwas Großes, Nie-Dagewesenes zu schaffen. Sie verlieren ihre natürliche Begabung, aufeinander zu hören, die verbunden ist mit dem Bestreben, einander zu verstehen.

KREATIVÜBUNG – TURMBAU

Falls Sie Bauklötze besitzen, versuchen Sie doch einmal einen Turm zu bauen. Wenn das nicht der Fall ist, gehen Sie in die Natur und versuchen Sie dort Ihr Glück, indem Sie ein Steinmännchen oder etwas Ähnliches bauen. Wenn Sie Lust haben, bauen Sie verschiedene Türme und, wenn Sie möchten, lassen Sie den einen oder anderen einstürzen.

Achten Sie bei dieser Übung auf Ihre Gefühle. Wo verspüren Sie Lust und Freude am Gestalten und Bauen? Was erleben Sie als mühsam und beschwerlich? Schreiben Sie einige Gedanke nieder. Anschließend können Sie Ihr persönliches Haiku formulieren, eine Gedichtform aus Japan mit insgesamt 17 Silben (1. Zeile: 5 Silben, 2. Zeile: 7 Silben und 3. Zeile: 5 Silben).

Ein Beispiel:
bauen möchten wir
stein auf stein so soll es sein
frieden höre ich

verrücktes labyrinth leben
ausbrechen möchte ich
aus der unmenschlichen ökonomie
ausbrechen möchte ich
aus dem karussell
des haben wollens und müssens
ausbrechen möchte ich
und das moos
aus meinem seelentümpel entfernen
damit das leben ver-rückt
und neu werden kann
im fließen der herzensenergie
im verbunden sein mit IHM
dem CHRISTUS

Gott, du Lebendige, *lehre mich, in der Sprache des Herzens zu sprechen. Lehre mich, aufmerksam und offen da zu sein. Gott, du Lebendige, lehre mich, ganz im Augenblick zu leben und zuversichtlich mit anderen am Morgen zu bauen.*

DU FÜHRST MICH INS WEITE

Der Herbst ist die ideale Zeit zum Pilgern. Die Temperaturen sind angenehm und die Sicht ist phänomenal. Also: Nichts wie raus in die wunderbare Natur! In den vergangenen Jahren wurden verschiedenste längere und kürzere Pilgerwege angelegt. Sie entsprechen wohl dem Bedürfnis nach Auszeit, Ruhe, Erholung und vor allem dem Wunsch, Zeit für sich selbst zu haben. Aus diesem Grund machen sich viele Pilger und Pilgerinnen alleine auf den Weg. Es ist spannend und aufregend zugleich, einen unbekannten Weg unter die Füße zu nehmen. Gleichzeitig ist es eine große Herausforderung, bekannte und vertraute Wege zu verlassen und sich auf Neues einzulassen. Im Gehen kommen unsere Gedanken und Gefühle in Bewegung. Neue Ein- und Aussichten eröffnen sich. Falls das Pilgern aus verschiedenen Gründen für Sie nicht in Frage kommt, können Sie auch in Ihrem Dorf oder in Ihrer Stadt versuchen, einmal die gewohnten Wege zu verlassen und ganz andere Routen für Ihre täglichen Erledigungen zu nehmen. Sie werden vielleicht andere Menschen treffen und mit ihnen ins Gespräch kommen.

Der Aufbruch ins Unbekannte ist in jedem Fall der erste und wichtigste Schritt. Unabhängig davon, wie lang Ihr Weg sein wird, werden Sie vielleicht einen Widerstand in sich spüren, sich darauf einzulassen.

Wir haben die Tendenz, lieber im Altbekannten und Vertrauten zu bleiben, weil es uns ein Gefühl von Sicherheit vermittelt. In unserem Leben kommen wir auch manchmal an einen Punkt, wo eine Kurskorrektur notwendig, Not-wendend, ist. Der Psalm 23 kann uns ermutigen, neue und unbekannte Wege zu gehen.

Ich lade Sie ein, den Psalm in einer ungewöhnlichen Übersetzung (Bibel in gerechter Sprache) in dieser Woche auswendig zu lernen und damit zu verinnerlichen. Für die Gottesanrede verwendet hier der Psalmenbeter wie damals im Judentum üblich „Adonaj". Der Gottesname wurde aus Ehrfurcht nicht ausgesprochen.

Adonaj weidet mich, mir fehlt es an nichts.
Auf grüner Wiese lässt Gott mich lagern,
zu Wassern der Ruhe leitet Gott mich sanft.
Gott lässt meine Lebendigkeit zurückkehren.
Gott führt mich auf gerechten Spuren –
so liegt es im Namen Gottes.
Wenn Finsternis tief meinen Weg umgibt,
fürchte ich nichts Böses.
Ja, du bist bei mir,
dein Stab und deine Stütze – sie lassen mich aufatmen.
Du bereitest einen Tisch vor mir,
vor denen, die mich bedrängen.
Mit Öl salbst du mein Haupt.
Mein Becher fließt über.
Nur Gutes und Freundlichkeit
werden mir alle Tage meines Lebens folgen,
und ich werde zurückkehren in das Haus Adonajs
für die Dauer meines Lebens.
(Ps 23)

KÖRPERÜBUNG – IN DIE WEITE BLICKEN

Stellen Sie sich in die Mitte eines Raumes, strecken Sie die rechte Hand aus und zeigen Sie mit dem Zeigefinger auf einen Punkt im Raum. Nun drehen Sie Ihre rechte Hand und Ihren Kopf so weit wie möglich nach rechts, der Oberkörper bewegt sich nicht mit. Merken Sie sich nun den äußersten Punkt, auf den Ihr Finger zeigt und gehen Sie langsam wieder zurück. Schließen Sie die Augen, wiederholen Sie die Übung und gehen Sie in Ihrer Vorstellung weit über den Punkt von vorhin hinaus. Danach kehren Sie wieder in Ihre Ausgangsstellung zurück. Bei Ihrem nächsten Versuch lassen Sie die Hand locker. Versuchen Sie nun die Übung nur in Ihrer Vorstellung zu machen. Dabei drehen Sie Ihren Kopf noch viel weiter nach rechts – ja, Sie stellen sich sogar vor, dass Sie ihn einmal um die eigene Achse drehen, um anschließend wieder langsam an den Ausgangspunkt zurückzukehren. Nun öffnen Sie die Augen und machen die Übung so wie beim ersten Mal. Sie werden merken, dass Sie nun viel weiter nach rechts drehen können. Ihr Blickfeld ist größer geworden.

Diese Körperübung aus der Theaterpädagogik können Sie mehrmals in der Woche wiederholen. Achten Sie darauf, was sich verändert. Ich habe die Übung bei einem Workshop des Theaterpädagogen Armin Staffler kennengelernt.

geh – danken
quer und unsortiert
plötzlich und unerwartet
ruft eine stimme
altes zu lassen
und neues zu wagen
geh – danken
schritt für schritt
ent – wickeln
sie ihre kraft
zeigt sich eine
neue gestalt
geh – danken
formen eine vision
verbunden mit IHM
dem CHRISTUS
ereignet sich leben
AUFERSTEHUNG
genannt

Gott, du Lebendige, *du führst mich hinaus ins Weite. Du weitest meinen Blick. Gott, du Lebendige, du begleitest mich auf meinem Weg. Im Vertrauen auf dich wage ich Neues.*

EINFACH LEBEN

Obwohl Franz von Assisi vor mehr als 800 Jahren gelebt hat, ist seine Botschaft aktueller denn je. Als Sohn einer wohlhabenden Familie genoss er eine sorglose Jugend mit guter Ausbildung und genügend Geld für alle möglichen Vergnügungen. Als junger Erwachsener beteiligte er sich an einer kriegerischen Auseinandersetzung zwischen Assisi und Perugia und landete im Gefängnis. Dort begann sein Ringen um einen sinnerfüllten Weg. Franziskus wurde zu einem Mann des Friedens und der Armut. Er verzichtete auf sein Erbe und lebte in Einfachheit. Seine Achtung vor der Schöpfung sowie seine Liebe zu Mensch und Tier werden im bekannten Sonnengesang besungen. Franz von Assisi führte ein Leben in tiefer Verbundenheit mit der Natur, mit sich selbst und mit Gott.

Unsere auf Wachstum ausgerichtete Form zu leben vergisst manchmal, dass die Ressourcen unserer Mutter Erde beschränkt sind. Die ökosoziale Krise ruft uns auf zu einem einfacheren und nachhaltigeren Lebensstil. Folgende Empfehlungen aus dem Buch Levitikus 23,22 fallen mir dazu ein: „Wenn ihr die Ernte eures Landes einbringt, sollst du dein Feld nicht bis zum äußersten Rand abernten und keine Nachlese deiner Ernte halten. Du sollst das dem Armen und dem Fremden überlassen.“ Man könnte auch sagen „Du Mensch, hol nicht das Letzte aus der dir anvertrauten Erde. Ich, dein GOTT, habe dich reich beschenkt,

lass für die nachfolgende Generation sowie für Menschen auf der Flucht, für die Bedrängten und Notleidenden etwas übrig."

Wir sollen nicht alles, was möglich ist, kaufen oder nutzen, sondern immer wieder die Frage zulassen: Benötige ich das wirklich? Das führt zu einer neuen Lebenshaltung. Franz von Assisi hat diese einfache Lebensform, die verbunden war mit einer tiefen Solidarität mit den Armen und Benachteiligten, schon im 13. Jahrhundert entdeckt. Möge es auch uns gelingen, an dieser Form zu leben Gefallen zu finden.

IMPULS – SCHÖPFUNGSVERANTWORTUNG

Suchen Sie sich einen feinen Platz in der Herbstsonne und genießen Sie ihre warmen Strahlen. Nun schließen Sie die Augen und konzentrieren sich auf Ihren Atem, der kommt und geht. Mit jedem Ausatmen überlassen Sie Ihr Körpergewicht der Erde, die Sie trägt. Sie dürfen leicht und innerlich weit werden. Erinnern Sie sich an Erfahrungen in der Natur, die Ihnen Freude bereitet haben. Lassen Sie sich dafür genügend Zeit und kosten Sie Ihre Erinnerungen in vollen Zügen aus. Bevor Sie Ihre Augen wieder öffnen, machen Sie bitte einige tiefe

Atemzüge. Versuchen Sie anschließend ein Loblied auf die wunderbare Schöpfung zu formulieren.
Ich lade Sie auch zu einem Selbstversuch ein: Verzichten Sie für eine bestimmte Zeit (vielleicht ein Jahr) auf den Kauf von Kleidung. Sie werden sehen, Sie haben danach immer noch etwas im Kleiderschrank. Weitere Ideen für ein einfaches Leben: vegetarische Ernährung; Fahrt mit öffentlichen Verkehrsmitteln; kurze Strecken mit dem Rad oder zu Fuß; Reduzierung der Zeit am Handy, Fernseher oder PC; weniger Konsum; Energie sparen; Reduzierung des Besitzes; Selbstversorgung durch Anbau von Obst, Gemüse und Kräutern …

was wäre wenn
wir alle gleich viel
und doch genug hätten
was wäre wenn
wir mehr unserer inneren
stimme vertrauten
was wäre wenn
unser herz offen
und voll liebe wäre
was wäre wenn
wir aus liebe zu mutter erde
unser leben verändern würden
was wäre wenn …
dann wäre
FRIEDEN AUF ERDEN

Gott, du Lebendige, *schenke mir die Weisheit zu erkennen, was für mich und mein Leben wirklich notwendig ist und was mir und meinen Lieben guttut. Gott, du Lebendige, schenke mir ein weites Herz für alle, die vom Leben benachteiligt wurden. Gott, du Lebendige, stärke mich im Vertrauen darauf, dass für alle genug da ist.*

ERNTEZEIT

Die Äpfel, die Birnen und die Trauben sind reif. Die Kartoffel können ausgegraben werden und die Kürbisse können abgeschnitten werden. Erntezeit ist angebrochen. Was im Frühjahr ausgesät und über den Sommer gehegt und gepflegt wurde, trägt nun Früchte. Die Zeit des Wartens und Hoffens geht zu Ende. Alle negativen Umwelteinflüsse wie Hagel, Schädlinge oder Unkraut sind überstanden. Nun gilt es, das teilweise mühevoll Erarbeitete zu ernten.

Bei der Apfelernte denke ich an Martin Luther, der einmal gemeint hat: „Ich lese die Bibel, wie ich meinen Apfelbaum ernte: Ich schüttle ihn und was runterkommt und reif ist, das nehme ich. Das andere lasse ich noch hängen. Wenn ich eine andere Stelle der Bibel nicht verstehe, ziehe ich den Hut und gehe vorüber." Diese Gelassenheit im Umgang mit den biblischen Texten fasziniert mich. Ich leite seit über zwanzig Jahren unterschiedliche Seminare mit dem Schwerpunkt Bibel. Der Grundkurs Bibel, in dem ich zehn Jahre lang Menschen in ihrem Su-

chen und Ringen nach Zugängen zur Bibel begleiten durfte, war sicher die intensivste Form. Aber auch bei kürzeren Seminaren erstaunt es mich immer wieder, wie sehr die Lebensgeschichten und die Lebensumstände der Teilnehmenden den Zugang zu biblischen Texten beeinflussen. Der Schweizer Alttestamentler Thomas Staubli hat es mit folgenden Worten auf den Punkt gebracht: „Nicht die Bibel ist es, die uns interessiert, sondern das Leben, auf das sich in der Bibel viele Antworten finden. Die Bibel ist ja nur das zweite Wort Gottes. Das erste aber ist das Leben."

Das Leben gut zu gestalten, zu wachsen und zu reifen – das ereignet sich oft unbemerkt. Biblische Texte ermutigen und unterstützen uns in einer unaufdringlichen und ganz persönlichen Art und Weise dabei. Die Worte der Heiligen Schrift können so etwas wie tägliche Wegbegleiter werden. Manchmal erreicht uns ein Abschnitt der Bibel ganz intensiv. Dann nähren uns diese Worte und werden vielleicht sogar heilig für uns, weil sie heilend wirken und Wandlung geschieht!

BIBELBETRACHTUNG – WORTE ERNTEN

Ich lade Sie ein, den folgenden Text aus dem Buch Jesaja mehrmals zu lesen. Anschließend unterstreichen Sie alle Zeitwörter mit einem Stift. Schreiben Sie sie dann auf ein Blatt Papier, um sie dann mehrmals langsam zu lesen. Wählen Sie ein bis drei Worte aus und schreiben Sie diese mit schöner Schrift auf ein Blatt Papier. Nehmen Sie dieses Blatt in der kommenden Woche mit in Ihre Gebetszeit. Schreiben Sie Ihre Gedanken und Gefühle während der Woche in ein Heft, um am Ende der Woche zuerst den biblischen Text und anschließend Ihre gesammelten Überlegungen zu lesen.

Denn wie der Regen und der Schnee vom Himmel fällt und nicht dorthin zurückkehrt, ohne die Erde zu tränken und sie zum Keimen und Sprossen zu bringen, dass sie dem Sämann Samen gibt und Brot zum Essen, so ist es auch mit dem Wort, das meinen Mund verlässt: Es kehrt nicht leer zu mir zurück, ohne zu bewirken, was ich will, und das zu erreichen, wozu ich es ausgesandt habe.
(Jesaja 55,10–11)

angesprochen durch das wort
manches kommt zum schwingen
bis es leis verklingt
und dennoch eine spur
sie bleibt im leib
das wort
jedes wort
wird fleisch
wird leib
das ermutigende
stärkt den leib
und auch die seele
es wird zum leben
oft unerkannt
und ER der CHRISTUS
ereignet sich
spürst du es

***Gott, du Lebendige**, achtsam will ich die Worte der Bibel hören. Aufmerksam möchte ich hören auf das Echo in mir. Gott, du Lebendige, lehre mich den Weg mitten im Heute zu gehen.*

NICHTS BLEIBT, WIE ES IST

Mitte Oktober, wenn die Tage kürzer werden und die Sonnenstrahlen nicht mehr so wärmen, werde ich jedes Jahr ganz wehmütig. Geht doch die feine Jahreszeit endgültig dem Ende zu. Der Nebel zieht ins Land und der Regen und die Kälte lassen mich den Sommer noch mehr vermissen. Gleichzeitig bewundere ich die gelb und rot leuchtenden Blätter an den Bäumen. Ich genieße den herbstlichen Spaziergang und erfreue mich an den letzten Blüten, die manchmal besonders kräftig blühen. In der Natur erleben wir die Ambivalenz von Werden und Vergehen.

Nichts bleibt so, wie es ist. Veränderung ist ein Zeichen von Lebendigkeit. Und doch macht uns das Neue und Unbekannte oft Angst. Sie kennen das vielleicht auch aus der eigenen Geschichte. Große Lebensumbrüche, große Veränderungen gehen meist mit zumindest einem mulmigen Gefühl einher, das durchaus auch mit einer euphorischen Emotion verbunden sein kann. Manchmal allerdings verwandelt sich die Angst in Furcht und die hindert uns, einen vielleicht Not-wendenden Schritt im Leben zu tun. Gibt doch das Altbekannte auch dann noch Sicherheit, wenn das Leben kaum noch auszuhalten ist und manchmal sogar zum Stillstand kommt. Man könnte sagen, dass damit ein Teil von uns tatsächlich stirbt oder zumindest nicht in Freiheit leben kann.

In der ersttestamentlichen Erzählung im Buch Exodus vom Auszug aus Ägypten leidet das Volk der Israeliten und Israelitinnen unter der Knechtschaft. Gott sieht das Leid und hört die Klage seines Volkes. Er beruft Mose am brennenden Dornbusch dazu, sein Volk aus dem Sklavenhaus herauszuführen. Er lässt sich von Gott ermutigen, den Schritt in die Freiheit zu unternehmen. Mose, sein Bruder Aaron und seine Schwester Mirjam ermutigen das Volk, in der Wüste durchzuhalten und führen es durch viele Schwierigkeiten hindurch ins gelobte Land, in dem, wie es heißt, Milch und Honig fließen. Ein paradiesisches Bild für ein fruchtbares Land. Vierzig Jahre wandert das Volk durch die Wüste. Vierzig Jahre sind in biblischer Zeit die durchschnittliche Lebenszeit eines Menschen und gleichzeitig auch eine symbolische Zahl. Sie steht für Neubeginn oder Neuordnung, aber auch für die Fülle oder die Erfüllung der Heilszusage. An der Schwelle zum gelobten Land werden Kundschafter für 40 Tage ins Land gesandt, um es zu erkunden. Nach ihrer Rückkehr berichten sie von großen Trauben, Feigen und Granatäpfeln, aber auch von den Gefahren, die in diesem Land auf sie warten. Das Volk fürchtet sich, beginnt zu murren und möchte sogar umkehren – zurück in die Sklaverei. Mose ermutigt sie, Gott zu vertrauen und den Weg ins Leben zu

gehen. Der Weg in ein freies, selbstbestimmtes Leben war und ist eine Herausforderung. Es braucht dazu Mut, Kraft und Vertrauen.

IMPULS – NEUES WÄCHST

Besorgen Sie sich Frühlingsblumenzwiebeln, wie zum Beispiel Narzissen, Tulpen oder Krokusse, sowie einen größeren Blumentopf mit Erde. Nun stecken Sie eine oder mehrere Zwiebeln tief in die Erde und stellen den Topf an einen hellen Platz in Ihrer Wohnung. Gießen Sie regelmäßig. Und dann heißt es warten. Nach einiger Zeit zeigt sich das erste Grün. Beobachten Sie einfach jeden Tag, was sich tut. Wenn Sie möchten, können Sie auch Ihre Gedanken dazu niederschreiben.

neu beginnen möchte
ich gott
all das alte und zerknitterte
will ich dir geben
neu beginnen möchte
ich gott
unsere erde schreit zum himmel
unter unseren lasten
tag für tag
neu beginnen möchte
ich gott
neue wege möchte ich gehen
dass es möglich ist
ohne angst

und voll vertrauen
in dieser welt auf-erstehen
heute, morgen
alle tage

ein zimmer
klein und unspektakulär
platz für das nötigste
ein zerbrochener spiegel
das selbstbild
an mehreren stellen gesprungen
hängt es an der wand
das fenster nach draußen
geschlossen
die schatten von gestern
flattern vorüber
der ruf zum leben
dringt lautos
durch den raum
wann
wann
öffnet sich das selbst
zum leben heute

Gott, du Lebendige, *zeige mir den Weg in ein selbstbestimmtes Leben.*
Ich vertraue auf dein Dasein.

ASCHENBRÖDEL ODER DIE KÖNIGLICHE BERUFUNG

Sie kennen vermutlich das Märchen vom Aschenbrödel, das in verschiedensten Versionen und Neubearbeitungen bis heute Kinder, Jugendliche und auch Erwachsene verzaubert. Wohl deshalb, weil, wie der Theologe und Psychoanalytiker Drewermann sagt, jeder Mensch Bereiche hat, in denen er sich abgelehnt fühlt und keine Anerkennung bekommt.

Das Märchen erzählt, wie sich das Leben eines Mädchens nach dem Tod ihrer Mutter und der neuerlichen Heirat ihres Vaters dramatisch verändert. Die zwei Stiefschwestern und die Stiefmutter machen dem Mädchen das Leben auf vielfältige Weise schwer. Es macht die Erfahrung, nicht dazuzugehören, abgelehnt zu werden und es fühlt sich allein. Als der Vater Aschenbrödel, wie von ihr gewünscht, den ersten Zweig, der bei der Heimreise an seinen Hut stößt, mitbringt, pflanzt sie den Haselnusszweig auf das Grab ihrer Mutter und begießt ihn mit ihren Tränen. Die Urgeborgenheit, die Verbindung zur Mutter ist wiedergefunden und der Keim für etwas Neues ist gepflanzt. Es entsteht ein wunderschöner Baum. Die große Wende ereignet sich, als der Königssohn ein Fest gibt, auf dem er seine Zukünftige finden will. Aschenbrödel muss eine scheinbar unlösbare Aufgabe erfüllen. Sie muss Linsen aus der Asche lesen. Aufgrund ihrer tiefen Naturverbundenheit erhält sie Hilfe von den Tauben, die die guten ins Töpfchen und die schlechten ins Kröpfchen geben. Die Aufgabe kann erfüllt werden und doch darf Aschenbrödel nicht mitgehen, da sie kein passendes Kleid besitzt. Unterm Haselnussstrauch am Grab der Mutter wird sie wundersam eingekleidet und kann verkleidet zum Fest gehen und mit dem Prinzen tanzen. Insgesamt geht sie dreimal zum Fest und immer wieder entflieht sie kurz vor Mitternacht. Bekannterweise bleibt beim dritten Mal ihr Schuh auf der Treppe zurück und der Königssohn macht sich auf die Suche nach seiner Königin. Die beiden Stiefschwestern versuchen mit allen Mitteln in den Schuh zu passen, doch ihre Füße sind zu groß, sie leben auf zu großem Fuß. Aschenbrödel passt der Schuh und ihre tiefe Sehnsucht nach Liebe wird erfüllt und sie erkennt ihre königliche Würde.

Das erinnert mich sehr an den Taufritus, in dem bei der Salbung mit Chrisam die Teilhabe an der königlichen, prophetischen und priesterlichen Berufung zugesprochen wird. Im Märchen stehen der König oder die Königin immer für den ganzen Menschen, der sein Leben mit seinen Begabungen gestaltet, andere ermutigt und unterstützt, dies auch zu tun. Im biblischen Kontext wird gleich am Beginn im Genesistext darauf hingewiesen, dass der Mensch nach dem Abbild Gottes geschaffen ist und damit eine königliche Würde hat, die unzerstörbar ist. Wie im Märchen so kann es auch in unserem Leben Zeiten geben, in denen wir uns dieser Würde nicht bewusst sind oder wie Aschenbrödels Stiefschwestern auf zu großem Fuß leben.

KÖRPERÜBUNG – KÖNIGLICH

Nehmen Sie zuerst die Haltung eines Königs, einer Königin ein. Sie regieren wohlwollend und schauen darauf, dass es allen Menschen in Ihrem Reich gutgeht. Gehen Sie mit dieser Vorstellung einige Zeit durch die Stadt oder wenn Ihnen das unangenehm ist, dann gehen Sie auf einem Spazierweg und achten dabei darauf, wie es sich anfühlt. Selbstverständlich können Sie auch auf einer Bank im Park oder in einem Café in dieser Haltung sitzen. Nach circa fünfzehn Minuten schreiben Sie alles nieder, was Ihnen aufgefallen ist.
Anschließend gehen oder sitzen Sie ungefähr gleich lang mit der inneren Haltung des Nicht-Dazugehörens, des Arm-und-bedeutungslos-Seins. Schreiben Sie alles auf ein zweites Blatt Papier. Vergleichen Sie nun die beiden Seiten. Was fällt Ihnen auf? Was möchten Sie sich merken?

Zum Abschluss gehen oder sitzen Sie nochmals gleich lang als *Sie selbst* – mit Ihrer königlichen, prophetischen und priesterlichen Berufung.

so viele seiten
bewohnen mich
stolz und würdevoll
verschämt und schüchtern
so viele gesichter
zeige ich
von streng und wütend
lieb und nett
forsch und unerschrocken
jung, frech und lustig
das alles bin ich auch

Gott, du Lebendige, *du hast mich nach deinem Abbild geschaffen. Ich darf auf meine königliche, prophetische und priesterliche Würde vertrauen.*

TURBULENTE ZEITEN

Die Welt scheint in einem massiven Umbruch zu sein. Die Klimakrise oder ökologische Krise ist uns schon seit Jahrzehnten bekannt und doch gelingt es nicht, unseren Umgang mit Mutter Erde anders, lebensförderlicher zu gestalten. Wirtschaftliche Interessen und die Sehnsucht nach unbegrenztem Wachstum lassen sich mit einer ressourcenbegrenzten Welt nun mal nicht vereinbaren. Angesichts der vielen dramatischen Umweltkatastrophen, Tsunamis und Überschwemmungen in den vergangenen Jahren könnte man sagen: Das Wasser steht uns bis zum Hals. Die Menschen des globalen Südens und da noch einmal mehr die Frauen mit ihrem begrenzen Zugang zu Ressourcen spüren die Auswirkungen des Klimawandels besonders intensiv. Beim Tsunami in Thailand 2004 starben laut einem Bericht der deutschen Gesellschaft für die Vereinten Nationen viermal so viele Frauen, weil diese aufgrund ihrer Betreuungsaufgaben zu Hause zu spät gewarnt werden konnten, weil viele von ihnen nicht schwimmen konnten und weil durch die lange und enge traditionelle Kleidung die Flucht erschwert wurde. Geschlechtergerechtigkeit und soziale Gerechtigkeit spielen also auch in der ökologischen Krise eine entscheidende Rolle.

Die biblische Erzählung von der Sintflut (*sin*: heb. überall und immer) macht mich in diesem Zusammenhang sehr nachdenklich. Ähn-

liche Mythen finden sich übrigens auch in anderen Kulturen der Antike und stammen vermutlich aus der kollektiven Angst, weggeschwemmt zu werden oder unterzugehen. Die biblische Person des Noah finde ich besonders spannend. Sein Name bedeutet auf Hebräisch „Trost oder Ruhe schaffen“ oder „Mensch, der andere dazu bringt, aufzuatmen und neue Hoffnung zu schöpfen“. Sein Name ist Programm, erkennt er doch die drohende Gefahr und bleibt trotzdem ruhig. Er scheint mir viel Ähnlichkeit mit den heutigen Umweltaktivisten und -aktivistinnen zu haben. Auch sie lassen nichts unversucht, um auf die drohende Katastrophe hinzuweisen. Menschen wie Noah, die zuerst einmal ungewöhnlich sind, aber in Extremsituationen Ruhe bewahren und Handlungsalternativen suchen, dienen dem Leben.

Noah erkennt die Zeichen der Zeit, vertraut seinem inneren Auftrag – im biblischen Kontext Auftrag Gottes genannt – und baut mit viel Mühe eine Arche. Die lebensrettende Initiative Noahs ist Ausdruck seiner Gottesbeziehung. Mitten im großen Chaos schafft er Ordnung. Die Arche gibt Schutz und Sicherheit für Mensch und Tier. Nach dem Ende der Flut lässt Noah die erste Taube hinausfliegen, doch sie kommt immer wieder zurück, weil sie keine Nahrung findet. Nach weiteren sieben Tagen schickt er die zweite Taube hinaus, diese kommt mit einem frischen Ölzweig zurück. Pablo Picasso hat in Anlehnung an die Erzählung von der Sintflut für den Pariser Friedenskongress 1949 die berühmte Friedenstaube mit dem Ölzweig gemalt. Und am Ende schenkt Gott den Regenbogen als Zeichen seines Bundes. Er ist Ausdruck der Verbundenheit von Himmel und Erde und Garant dafür, dass Gott seine Schöpfung liebt.

IMPULS – REGENBOGEN

Malen Sie einen bunten Regenbogen, als Zeichen Ihrer Verbundenheit mit der gesamten Schöpfung. Schreiben Sie während der Woche Verhaltensweisen oder Erfahrungen hinein, die dem Leben dienen.

das wasser steht
uns bis zum hals
wir stecken knietief
im dreck
von gestern
das morgen
ruft beständig

und du
wann baust du
dein schiff
das dich und
deine kinder rettet

Gott, du Lebendige, *mache mich sensibel für Ungerechtigkeiten und schenke mir den Mut, meine Stimme für die Gerechtigkeit zu erheben. Gott, du Lebendige, schenke mir die Kraft, am großen Umbruch in der Welt mitzuarbeiten, damit auch die kommenden Generationen auf ihr leben können.*

JA ZU DEM, WAS WAR

Im November werden die Tage merklich kürzer und die Nächte länger. Die Natur zieht sich mehr und mehr zurück, die Blätter fallen von den Bäumen und eine abschiedliche Stimmung macht sich breit. Wir erinnern uns an den ersten beiden Novembertagen an die Verstorbenen aus unserer Familie und unserem Bekanntenkreis. Das wichtigste Ritual dabei ist für viele Menschen der Gang zum Friedhof. Ich staune jedes Mal von Neuem über die wunderschön geschmückten Grabstellen. So viel Mühe und so viel Liebe wird da zum Ausdruck gebracht. Besonders

wenn es im vergangenen Jahr einen Todesfall gegeben hat, ist diese Form der Erinnerungskultur für viele Menschen wichtig.

Wie stärkend und Halt gebend dieses gemeinsame Ritual sein kann, ist mir erst während der Coronazeit aufgegangen. Gemeinsam die Vergangenheit wieder aufleuchten lassen ist natürlich manchmal schmerzhaft und doch erwachen dabei auch die positiven Gefühle von damals. Der bzw. die Verstorbene wird in den erzählten Geschichten lebendig. Wir tun uns leicht, die fröhlichen und schönen gemeinsamen Stunden zu teilen. Doch in jeder Beziehung gibt es auch Verletzungen oder offen Gebliebenes. Darüber zu sprechen, fällt uns nicht ganz so leicht. Allerdings vollzieht sich Versöhnung über den Tod hinaus sehr oft im Erzählen des Erlittenen. Immer dann, wenn eine gute Zuhörerin oder ein guter Zuhörer einfühlsam und wertschätzend da sein kann, besteht die Möglichkeit, mit dem Leid, der Enttäuschung, der erfahrenen Zurückweisung oder dem erlebten Unrecht endlich anzukommen. Die Trauer und der Schmerz über Vergangenes finden sehr oft in den Tränen einen heilsamen Ausdruck. Durch das Weinen werden nicht nur Stresshormone im Körper reduziert, sondern gleichzeitig wird auch der innere Druck in uns abgebaut. Sie kennen vermutlich die Erleichterung und ja, man könnte sagen den Frieden, der sich nach dem Weinen breitmacht.

KÖRPERÜBUNG – AUSSCHÜTTELN

Suchen Sie eine Musik mit einem kräftigen Rhythmus – Trommelmusik eignet sich besonders gut dafür. Anschließend beginnen Sie, sich zu schütteln – zuerst die Beine und Arme, dann den ganzen Körper. Schütteln Sie alles, was belastend und schwer ist, im Rhythmus der Musik aus Ihrem Körper. Wenn es für Sie körperlich möglich ist, beugen Sie sich vor, lassen Sie den Kopf nach unten hängen und schütteln Sie auch diesen. Lassen Sie dabei Ihre Zunge ganz locker, damit auch diese geschüttelt werden kann.

Am Ende des Musikstückes setzen Sie sich und beugen den Oberkörper nach vor. Dabei legen Sie die Unterarme auf Ihre weit geöffneten Oberschenkel. Sie atmen mehrmals tief ein und aus. Bleiben Sie bitte einige Minuten in dieser Position. Anschließend beenden Sie die Übung, indem Sie sich langsam aufrichten und die Handflächen zueinander legen. Verharren Sie nun einige Zeit in dieser Haltung. Schließen Sie die Augen, nicken Sie einige Male zustimmend und wiederholen Sie den Satz: „Mein Leben darf so gewesen sein.“

trauerraum in rot

plötzlich und unerwartet
das unbeschwerte leben vorbei
der zärtliche blick
unwiederbringlich verloren
schockiert
überflutet im gefühls-chaos

schreit die seele
im verzweifelten ringen
nach luft zum leben
die tränen strömen heiß und unkontrolliert
aus der tiefe
denn
geliebt warst du
und geliebt bist du
eingebrannt in mein herz
dem trauerraum in rot

Gott, du Lebendige, *begleite mich auf dem Weg hin zu Frieden und Versöhnung. In Wertschätzung und Achtung möchte ich mit den Verstorbenen verbunden bleiben.*

NEBEL

Auf meiner Pilgerreise nach Santiago de Compostela war einer der wichtigsten Punkte auf dem spanischen Jakobsweg das Cruz de Ferro. Dieses auf einem Baumstamm montierte Eisenkreuz befindet sich auf einem großen Steinhaufen, an dem Pilger und Pilgerinnen einen mitgebrachten Stein oder auch ein anderes Symbol ablegen.

Ich hatte für meine Gruppe in einer Pilgerherberge bei Foncebadón, einem beinahe ausgestorbenen Ort, eine Übernachtung mit Abendessen organisiert. Bei strahlendem Sonnenschein erreichten wir unser Quartier. Wir wollten am folgenden Tag den Sonnenaufgang am Cruz de Ferro erleben – mit 1500 Meter Seehöhe der höchste Punkt des spanischen Weges. Um 5.00 Uhr morgens machten wir uns in der Dunkelheit und bei dichtem Nebel für den Aufstieg startklar. Es war eine besondere Stimmung in der Gruppe. In der Ferne hörten wir die Wölfe heulen und die Kälte machte uns auch zu schaffen. Wir blieben dicht beieinander. Max, ein Mitpilger, rezitierte das bekannte Nebelgedicht von Hermann Hesse, danach gingen wir schweigend weiter. Das Knirschen der Steine unter unseren Füßen ist mir noch lebhaft in Erinnerung. Die mystische Atmosphäre bleibt unvergesslich. Nach knapp einer Stunde erreichten wir das Cruz de Ferro. Einige Pilger und Pilgerinnen waren bereits vor Ort. Im dichten Nebel ging nun jeder und jede für sich hinauf zum Kreuz. Es war ein unglaublich dichter Moment.

Neben mir legte eine Spanierin ihren Stein, der in ein eng beschriebenes Blatt Papier eingewickelt war, unter Tränen ab. Ich fühlte eine tiefe Verbundenheit zu dieser Unbekannten. Ich zog eine bunte, ganz zarte Feder, die ich einige Tage zuvor gefunden hatte, aus meiner Bibel und überreichte sie mit einem aufmunternden Lächeln. Sie schaute mich an und unsere Augen trafen sich. Ein tiefer Frieden breitete sich aus. Wir sprachen kein Wort miteinander. Zum Abschied falteten wir unsere Hände, sahen uns noch einmal an und verneigten uns. Und der Zauber des Augenblicks verflog. Die Worte von Hermann Hesse fielen mir wieder ein. Er beschreibt darin das einsam umherirrende Ich und dessen eingeschränkte Sicht aufs Leben.

Manchmal kann ein aufmunternder Blick oder eine kleine Geste die Nebelwand der Einsamkeit durchbrechen und das Leben zeigt sich in seiner Vielfalt. Man könnte auch sagen, der Himmel wird zugänglich und ein tiefer Friede breitet sich aus. Die Zusage Jesu im Matthäusevangelium 5,14 „Ihr seid das Licht der Welt" kann uns ermutigen, als Repräsentanten und Repräsentantinnen Gottes in der Welt so manchen Nebel zu lichten – im Wissen, dass die Sonne so wie Gott immer schon da ist, auch dann, wenn wir sie nicht sehen können. Diese Zuversicht wünsche ich uns gerade in krisengeschüttelten Zeiten.

IMPULS – LICHT SEIN

Suchen Sie sich immer wieder Orte und Zeiten der Stille, um einfach da zu sein. Sie können dabei den lyrischen Text meditieren. Seien Sie aufmerksam und achtsam auf das, was sich Ihnen im Augenblick eröffnet. Und wiederholen Sie den Satz: „Gott ist da und ich darf sein Licht in der Welt sein."

das licht
bricht ein
in dunklen zeiten
durchbricht ganz zart
die nebelwand
vertreibt die angst
der blick wird klar
das neue plötzlich da
und unbegreiflich
hörst du das lied der lerche
siehst du den himmel neu

Gott, du Lebendige, *schenke mir immer wieder das Vertrauen und die Gewissheit, dass du mitten im Nebel, mitten im Chaos* da *bist.*

WURZELZEIT

Ende November macht sich die Natur für den Winter bereit. Die Blätter sind längst von den Bäumen gefallen und auch alle anderen Pflanzen ziehen sich zurück in ihre Wurzeln oder Knollen. Alle überlebenswichtigen Stoffe werden dort gesammelt und gespeichert. Die Wurzel ist für die Pflanze überlebenswichtig, da sie ihr Standfestigkeit verleiht und

sie mit Wasser und Nährstoffen versorgt. So wie sich eine Pflanze im Winter mehr und mehr in ihre Wurzel zurückzieht, laden uns die beginnenden Wintertage auch zu mehr Rückzug und Innenschau ein.

Wenn ich bei meinen Wanderungen an den mächtigen Kiefern vorbeigehe, staune ich über ihre zahlreichen Wurzeln, die teilweise spektakuläre Wege gefunden haben. Auf der Suche nach Nahrung und Halt wickeln sie sich um einen großen Stein oder finden ihren Weg über andere Bäume hinweg hinein ins nährende Erdreich. Sie sind wahre Überlebenskünstler. Je nach Bodenbeschaffenheit bilden sie ihre Wurzeln ganz unterschiedlich aus. Sie können bis in eine Tiefe von zehn Metern in die Erde wachsen oder, wenn es der Boden nicht zulässt, bilden sie Flachwurzeln. Das Wurzelsystem der Kiefer wird als Herzwurzelsystem bezeichnet, weil es im Querschnitt gesehen dem menschlichen Herz ähnelt. Das macht mir die Kiefer so sympathisch. Sie ermutigt mich und vielleicht auch Sie, in schwierigen Situationen, also bei schlechten Bodenbedingungen, nicht aufzugeben und einen lebensförderlichen Weg zu suchen. Gleichzeitig dürfen wir auf unsere tiefen Wurzeln, die sich vielleicht schon in Kindertagen ausgebildet haben, vertrauen. Neben der eigenen Familie, einer sinnerfüllten Aufgabe oder dem beruflichen Erfolg, ist eine tiefe Christusverbundenheit eine mächtige Wurzel, die uns Halt und Sicherheit geben kann. Im Epheserbrief 3,17 wird das in einer unglaublichen Klarheit und Dichte zugesprochen:

Durch den Glauben wohne Christus in euren Herzen, in der Liebe verwurzelt und auf sie gegründet.

KÖRPERÜBUNG – VERWURZELT

Ich lade Sie ein, den Satz aus dem Epheserbrief immer wieder zu meditieren. Lassen Sie sich auf Ihr „Herzwurzelsystem“ mit Wohlwollen und Liebe in der folgenden Körperübung ein.
Sie stehen beckenbreit. Wenn sie möchten, können Sie die Augen schließen. Stellen Sie sich vor, wie aus Ihren Fußsohlen Wurzeln tief in den Boden wachsen. Sie spüren, wie sie sich verzweigen und Ihnen Halt und Sicherheit geben. Nun heben Sie Ihre Arme zu einer Baumkrone – weit ausladend. Anschließend stellen Sie sich vor, dass ein Wind aufkommt. Sie wiegen sanft nach rechts und nach links, nach vor und zurück. Der Wind wird stärker und stärker und Sie steigern Ihre Bewegung bis zu dem Punkt, an dem es noch angenehm für Sie ist. Sie spüren, Ihre Wurzeln geben Ihnen auch in stürmischen Zeiten Stabilität. Nun kommen Sie langsam wieder zur Ruhe, Sie spüren noch einmal Ihre Wurzeln, die Sie nähren und Ihnen Halt geben. Anschließend machen Sie einen tiefen Atemzug, legen Ihre Hände auf Ihren Bauch und beenden diese Übung.
Wenn Sie möchten, können Sie nun Ihre Wurzeln, vielleicht sogar mit dem dazugehörigen Baum, malen. Am besten eignen sich dafür

Wachsmalkreiden. Lassen Sie all Ihre Bestrebungen, ein schönes Bild zu malen, beiseite. Nehmen Sie die Farben intuitiv in die Hand und lassen Sie sich überraschen, was daraus wird. Wenn Sie mit dem Bild fertig sind, beschriften Sie Ihre großen Wurzeltriebe. Anschließend gehen Sie der Frage nach, was Sie nährt und was Ihnen Halt in Ihrem Leben gibt.

sanft fällt das laub
karg und leer der baum
das prächtige sommerkleid
eine stille ahnung
befreit und einsam
lauscht er dem raunen
aus der tiefe
dem geheimnisvollen
ohne zu wissen
traut er der sehnsucht
und der kraft
der satten dunklen erde
bis hin zum grund
der halt und leben gibt
umsonst

Gott, du Lebendige, *in dir finde ich Halt. Gott, du Lebendige, tief einwurzeln möchte ich mich in dir. Gott, du Lebendige, nähre mich mit der Kraft der Liebe.*

STERNSTUNDEN

Der Sternenhimmel faszinierte mich schon als Kind. Das Glitzern und Funkeln in den klaren kalten Winternächten verzauberte mich auf ganz besondere Weise. Heute weiß ich, dass im Winter tatsächlich aufgrund der langen Dunkelheit beinahe alle Sternbilder am Himmelszelt zu sehen sind. Orion, das hellste Sternbild, und Sirius, der hellste Stern, erleuchten den Nachthimmel. In beinahe allen Kulturen und zu allen Zeiten wird von der fesselnden Wirkung des Sternenhimmels berichtet. Er diente vielen Generationen der Orientierung und gleichzeitig suchten und suchen noch heute Menschen in den Sternen Hinweise für die Zukunft.

Ja und dann gibt es natürlich auch viele Mythen, Märchen und Erzählungen darüber. Das Sterntalermärchen, das Sie bestimmt kennen, hat mich als Kind immer traurig gemacht. Das arme Mädchen, das keine Eltern und kein Zuhause hat und dann auch noch im finsteren Wald unterwegs ist, hat meine kindliche Seele tief berührt. Und dann gibt dieses fromme Kind noch den letzten Bissen Brot einem armen Mann. Damit nicht genug, es gibt einem frierenden Kind seine Mütze und einem weiteren seinen Rock und zuletzt sogar noch sein Unterhemd. Und so stand es da – mit nichts. An dieser Stelle musste ich als Kind immer weinen, obwohl ich wusste, was danach kam. „Da fielen

auf einmal die Sterne vom Himmel und es waren lauter blanke Goldtaler und das Kind trug plötzlich ein feines Kleid.“ Der Himmel kam sozusagen auf die Erde. Und das Mädchen, ich erinnere mich noch an das Bild im Märchenbuch, stand mit offenen Händen da und wurde reich beschenkt. Heute lässt mich dieser Schluss nachdenklich zurück. Es wird ja nicht von Belohnung gesprochen und auch sonst wird kein Sinnzusammenhang zwischen der Handlung des Mädchens und dem Sternenregen hergestellt. Vielleicht geht es da ja mehr um den inneren Reichtum, der mit der Himmelserfahrung gleichzusetzen ist; eine Erfahrung, die mit dem Loslassen des Alten, nicht mehr Tragfähigen und mit dem Sich-Einlassen auf das Neue, Unbekannte verbunden ist.

Das Lukasevangelium erzählt auch von einem Kind, das den Himmel auf die Erde bringt. Auch dieses Kind ist arm und bedürftig. Ein großer Stern kündigt seine Geburt an und die Weisen machen sich als Gottsuchende auf den Weg. Dieses Kind, Jesus, bringt uns die Botschaft der

Liebe und damit die Verheißung von Frieden und Gerechtigkeit. Seine Geburt ist eine Sternstunde, mit seiner Geburt kommt der Himmel auf die Erde.

IMPULS – MEINE STERNSTUNDEN

Nehmen Sie ein Blatt Papier. Darauf ziehen Sie am unteren Rand Ihre Lebenslinie bis zum heutigen Tag. Teilen Sie die Linie nun in zehn Jahresschritte ein. Anschließend markieren Sie Ihre persönlichen Sternstunden mit einem Stern auf der Linie. Das können Zeiten sein, in denen Sie sich wie im siebten Himmel gefühlt haben, oder glückliche „Zufälle", in denen Ihnen etwas zugefallen ist. Erinnern Sie sich so genau wie möglich an die Situation und an die dabei empfundenen Gefühle.
Wenn Sie möchten, können Sie diese Gefühle mit unterschiedlichen Farben und Formen aufs Papier bringen. Anschließend können Sie Ihre Sternstunden mit einigen Stichworten niederschreiben. Hängen Sie nun Ihr Bild an einen Platz, an dem Sie mindestens einmal am Tag vorbeikommen. Die Innenseite des Kleiderschrankes eignet sich gut dafür. Da ist Ihr Bild geschützt vor den Augen anderer und gleichzeitig für Sie jeden Tag sichtbar.

sternstunden
vom himmel geschenkt
ohne wenn und aber
einfach so
fallen sie in dich
hinein

sternstunden
mitten im alltag
plötzlich und unerwartet
fallen sie
dir zu

sternstunden
manchmal zur mitte der nacht
erhellen das dunkel
die lebensnacht
erleuchtet – beleuchtet
des lebens last

sternstunden
sie warten auf dich
im kommenden jahr
gib acht und
verpasse sie nicht

Gott, du Lebendige, *aus Sternenstaub bin ich gemacht, dein Atem schenkt mir Leben – Tag für Tag. Gott, du Lebendige, geerdet möchte ich bleiben und die Verbundenheit mit dir Tag für Tag durchleben.*

SEHNSUCHTSVOLLES WARTEN

Die Adventzeit war für mich als Kind eine aufregende und geheimnisvolle Zeit. Vanillekipferl und Linzeraugen wurden gebacken und sorgsam in kleinen Schachteln verwahrt. Die Wohnung wurde adventlich geschmückt und ein kleiner Adventkalender mit Bildern sollte uns das Warten verkürzen. Jeden Morgen bin ich mit meinen Geschwistern voller Vorfreude zum Adventkalender gelaufen, um zu sehen, welches Bild uns geschenkt wurde. Heute staune ich darüber, wie sehr uns das erfreut hat und mit welchem Hochgefühl der Tag begonnen hat. Ja, und dann gab es natürlich einen Adventkranz. Die duftenden Tannenzweige vermittelten ein Gefühl von Daheimsein und Geborgenheit. An den vier Sonntagen vor Weihnachten wurde jeweils eine Kerze mehr entzündet. Mit diesen Ritualen ließ sich die Vorfreude schüren.

Irgendwie scheint diese magische Zeit abhandengekommen zu sein. Sehr oft höre ich in der Adventzeit von den vielen Dingen, die noch zu erledigen sind, vom Stress, der um sich greift, und von der Hektik des Geschenke-Einkaufens. Ich bin ja eher ein ungeduldiger Mensch und schon als Kind habe ich mir die Zeit des Wartens mit allen möglichen Arbeiten verkürzt. Heute hebt die Vorfreude meine Stimmung und die notwendigen Vorbereitungsarbeiten gehen damit leichter von der Hand. Gleichzeitig spüre ich die Spannung zwischen meinen Versuchen, immer mehr ganz im Augenblick zu sein, und dem sehnsuchtsvollen Warten in meinem Leben. Dazu fasziniert mich seit einigen Jahren die kurze, aber wirkmächtige Erzählung von Hanna und Simeon im Lukasevangelium. Sie werden als Prophetin bzw. Prophet bezeichnet. Der Name Hanna bedeutet „Gunst" oder „Gnade" und Simeon heißt auf Hebräisch „Geschenk der Erhörung". Damit kommt gleich zu Beginn des Evangeliums zum Ausdruck, dass Gott seinen Geist auf Männer und Frauen in gleicher Weise ausgießt. Beide leben ganz im Augenblick, also wachsam und aufmerksam, und gleichzeitig sind sie voller Hoffnung und voller Erwartung. Sie verkörpern eine Haltung der Zuversicht, die uns auch heute inmitten der vielen Krisenherde ermutigen kann.

Simeon begegnet der heiligen Familie im Tempel und stimmt aus Freude über das Kind ein Loblied, das *Nunc dimittis* (Lukas 2,29–32) an. Die 84-jährige Witwe Hanna lebt nach sieben Jahren Ehe nun seit vielen Jahren im Tempel. In den Zeitangaben steckt Symbolik: 7 und 12 sind Zahlen der Fülle, Hanna ist 7 x 12, also 84 Jahre alt. Auch sie erkennt das Kind und dessen Bedeutung. Sie spricht über das Kind zum Volk und wie es heißt „zu allen, die auf die Erlösung warteten" und wird dadurch zur ersten Verkünderin. Zwei Menschen, Mann und Frau, hochbetagt und voller Lebenserfahrung erkennen den *Kairos*, den Moment, in dem sich ihre Erwartungen erfüllen, und ergreifen ihn. Möge es auch uns gelingen, inmitten der planetaren Krise hoffnungsvoll und wach zu bleiben und den *Kairos* – die Gunst der Stunde – zu nutzen oder, wie man heute so schön sagt, die Gelegenheit beim Schopf zu packen. Die französische Sozialrevolutionärin, Philosophin und Mystikerin Simone Weil hat das sehr treffend ins Wort gebracht: „Die kostbarsten Güter soll man nicht suchen, sondern erwarten."

ÜBUNG – ABSICHTSLOSES WARTEN

Suchen Sie sich einen Platz in der Wohnung, an dem Sie ungestört sind – für 10 bis 30 Minuten, je nachdem wie lange Sie meditieren wollen. Sie können eine Kerze entzünden und das Licht dämpfen. Sie sind da wie eine leere Schale, bereit zu empfangen. Konzentrieren Sie sich auf Ihren Atem und wiederholen Sie die Worte: „Ich bin bereit zu empfangen." Am Ende der Übung machen Sie einen tiefen Atemzug, mit einem verlängerten Ausatmen. Wiederholen Sie diese Übung wenn möglich täglich. Es ist hilfreich, eine bestimmte, immer gleichbleibende Zeit dafür zu reservieren.

warten, warten, warten
ich mag nicht mehr
so mühsam scheint es mir
immer mehr leben
verrinnt im stundenglas des lebens
oder
erwartungsvoll
dem jetzt begegnen
mit allen sinnen
achtsam den augenblick erfassen
den himmel spüren
wenn er ganz leise
mich berührt

Gott, du Lebendige, *ich bin bereit zu empfangen.*

DURCHLÄSSIG WERDEN

Sie kennen vermutlich noch den händisch aufgegossenen Filterkaffee. In meiner Kindheit war das Kaffeekochen noch eine Kunst. Die Bohnen wurden mit einer Handmühle frisch gemahlen. In einen Keramikfilter kam dann eine Filtertüte aus Papier, die sorgfältig hineingestülpt und anschließend mit heißem Wasser durchgespült wurde, damit sich der Papiergeschmack verflüchtigt. Anschließend kamen eher grob gemahlener Kaffee und zur Verstärkung des Aromas eine Prise Salz in den Filter. Der wurde dann auf einer Kaffeekanne aus Porzellan platziert und anschließend mit 85 Grad heißem Wasser langsam übergossen. Ein wunderbares Ritual, finde ich. Ich kann mich noch gut an den herrlichen Kaffeeduft erinnern.

Das Filterpapier ist mit seiner Durchlässigkeit für mich ein gutes Bild für eine lebensförderliche Gottesbeziehung. Der Prophet Jesaja (heb. der Herr rettet) und seine wunderbaren Hoffnungsbilder sind Zeugnis dafür. In seinen Worten scheint das Göttliche durch. Die Texte entstanden in einem politisch schwierigen Umfeld und verschweigen keineswegs die Not und das Elend. Dem Propheten eröffnet sich das Heilshandeln Gottes in den Zeichen der Natur: „Jubeln werden die Wüste und das trockene Land, jauchzen wird die Steppe und blühen wie die Lilie.“ (Jesaja 35,1) Man könnte auch sagen: Wer auf Gott vertraut und wer für die Zeichen des Göttlichen in der Welt durchlässig wird, der wird beschenkt mit Mut und Kraft für das Heute. Die aufblühenden Kirschzweige, die manche von Ihnen am 4. Dezember zum Barbaratag abgeschnitten und ins warme Wasser gegeben haben, können so ein Zeichen der Ermutigung sein.

Mitten im Advent, am 13. Dezember, erinnern wir uns an die heilige Lucia, deren Namen übersetzt „die Leuchtende" bedeutet. Die junge Christin aus Syrakus auf Sizilien sollte verheiratet werden, doch sie zögerte die Hochzeit hinaus und verteilte ihre großzügige Mitgift an die Armen. Um die Hände dabei frei zu haben, setzte sie sich einen Lichterkranz auf. Auch sie scheint mir eine Gottdurchlässige gewesen zu sein. Sie verweigerte die Ehe und beugte sich damit nicht dem gesellschaftlichen Druck. Lucia wurde zur Hoffnungsträgerin und im wahrsten Sinn des Wortes zur Lichtträgerin für die Bedürftigen. Auch im Heute finden sich immer wieder Menschen, die – wie es das Zweite Vatikanische Konzil formuliert – die Zeichen der Zeit erkennen und durch ihr mutiges Handeln zu *Lichtträgern und Lichtträgerinnen* werden. Jeder und jede von uns ist berufen und begabt, im kleinen alltäglichen Kontext durchlässig für das Göttliche zu werden und heilsam zu handeln. Vielleicht braucht es dazu auch manchmal Zeiten der Reinigung wie beim Kaffeefilter, damit sich der volle Geschmack gut entfalten kann.

IMPULS – HOFFNUNGSBILDER

Unternehmen Sie einen Spaziergang in die Natur. Lassen Sie sich auf die Schönheit der Natur ein. Vielleicht entdecken Sie wie Jesaja das eine oder andere Hoffnungsbild. Machen Sie ein Foto oder nehmen Sie ein Symbol mit nach Hause. Schreiben Sie Ihre Hoffnungen, die in diesen Bildern aufleuchten, auf. Wenn Sie möchten, können Sie wunderbare Hoffnungsbilder wie Jesaja formulieren.

durchlässig und offen
für das leben
weht die blühende
fülle in mein herz
ereignet sich
und quillt
unerschöpflich hervor

mitten im blütenregen
sitzen und sein
die hände geöffnet
bereit für das wunder
heute

Gott, du Lebendige, *durchlässig möchte ich werden für deine Liebe. Gott, du Lebendige, die Hoffnungsbilder in der Natur mögen mir Mut und Kraft zum Handeln geben. Gott, du Lebendige, ich möchte auf eine blühende Erde und ein friedvolles Miteinander hoffen.*

ADVENT UND WEIHNACHTEN

tiefe stille
zieht übers land
zart ganz zart
fallen dicke weiße flocken
rein und weich wie watte
auf die brachzeit des seins
wurzelzeit ist angebrochen
bei kerzenlicht und tee
dem wesentlichen
auf der spur

gottvoll die stunde
unerwartet berührt
lege ich dankbar
alles nieder
spüren möchte ich
und einfach sein

maria eine frau
die leuchtet
in dunklen zeiten
erhört den ruf
den un-erhörten
schenkt raum
dem heruntergekommenen
GOTT mit uns
und heil kann werden
auch heute noch

aus sternenstaub gemacht
belebt und durchströmt
vom ewig gleichen odem
unsichtbar verbunden
durch raum und zeit
geerdet und gehimmelt zugleich
frei schwebend und verankert
mitten im heute
suchen wir nach gleichgewicht
im ständig bewegten
und sich bewegenden
welt- und lebensmobile
im WIR
im JETZT
und in der LIEBE

hörst du sie
die stimme der liebe
sie ruft beständig
lockt dich
aus den verhärtungen
hörst du sie
die stimme der liebe
an den stacheligen
grenzzäunen zu europa
sie mahnt dich mensch zu werden
hörst du sie
die stimme der liebe
inmitten von klimakrise
und erderwärmung
sie schreit nach einsicht
und veränderung
hörst du sie
die stimme der liebe
sie hüpft im leib
und freut sich sehr
die gesegnete frucht
der liebe
will geboren werden
mitten im heute
in dir und mir

IN GUTER HOFFNUNG

In guter Hoffnung oder *in freudiger Erwartung* sein – zwei alte, aber wunderschöne und treffende Formulierungen für eine Schwangerschaft. Warten und Erwarten gehören im Sinne von Aufbruch und der Bereitschaft, die neue Zeit zu begrüßen, zum Advent. Maria, die junge Frau aus Nazareth, kann uns da Vorbild sein. Sie lässt sich von einem Engel ansprechen und willigt ein, dem im Buch Jesaja verheißenen Sohn Immanuel (heb. Gott mit uns) in ihrem Leib Platz zu geben. Maria verlässt ihre Komfortzone. Sie lässt sich für das Heilshandeln Gottes in den Dienst nehmen. Ganz klein, anfangs für andere unbemerkt, nistet sich das neue Leben in ihrem Leib ein, wird genährt und wächst Tag für Tag unter ihrem Herzen.

Maria ist nicht die demütige und gehorsame junge Frau, als die sie oft dargestellt wird. Als sie ihre Verwandte Elisabeth trifft, singt sie das Magnifikat. Wenn ich dieses Lied lese, dann scheint sie mir eher eine Sozialkritikerin zu sein, die sich nicht mit den vorherrschenden Verhältnissen abfindet. „Er stürzt die Mächtigen vom Thron und erhöht die Niedrigen." (Lukas 1,52) Dieser Vers scheint mir besonders bemerkenswert. Maria prophezeit in ihrem Lied, was sich im Lukasevangelium dann nach und nach entfaltet. Sie öffnet damit einen Hoffnungsraum für Frieden und Gerechtigkeit. Sie setzt nicht auf die auch heute weit verbreitete

Kriegslogik, sondern vertraut darauf, dass Gott das Leiden seines Volkes sieht – im Buch Genesis *sieht* Gott das Leid und beruft Mose zum Handeln. Die rettende Macht Gottes kann sich durch ihr „Ja" ereignen und die Hoffnung des ganzen Volkes auf den Erlöser wird erfüllt.

In einem Stall, in Armut, weitab von den Machtzentren, in Bethlehem (heb. im Haus des Brotes) gebiert Maria den erwarteten „Gott mit uns". Ein kleines hilfsbedürftiges Kind wickelt sie in Windeln. Und die Ersten, die davon erfahren, sind die Hirten. Einfache Menschen, die am Rande der Gesellschaft bei den Tieren Nachtwache halten. Ihnen zeigt sich der Engel mit den Worten: „Fürchtet euch nicht, denn siehe, ich verkünde euch eine große Freude, die dem ganzen Volk zuteilwerden soll: Heute ist euch in der Stadt Davids der Retter geboren; er ist der Christus, der Herr." (Lukas 2,10) Als Kind hat das große himmlische Heer, das plötzlich mitten in der Einfachheit da war, meine Phantasie beflügelt. Der Himmel ist sozusagen auf die Erde gekommen als Zeichen und Symbol für die Umkehrung der Machtverhältnisse. Wie hoffnungsvoll ist der Lobgesang der Engel in krisengebeutelten Zeiten:

„Ehre sei Gott in der Höhe und Friede auf Erden den Menschen seines Wohlgefallens." (Lukas 2,14)

RÄUCHERRITUAL – AM HEILIGEN ABEND

Zünden Sie in einer Schale mit Sand oder in einem Räuchergefäß Räucherkohle an. Warten Sie bitte, bis die Kohle weiß geworden ist. Nun legen Sie Weihrauch auf die Kohle und gehen damit durch Ihre Wohnung. Sie können in jedem Raum für die Menschen, die sich darin treffen oder darin schlafen, einen guten Wunsch oder einen Segen formulieren. Anschließend können Sie das Weihnachtsevangelium lesen. Falls Sie einen Christbaum mit Kerzen aufgestellt haben, können Sie sich beim Entzünden der Kerzen an die Menschen erinnern, die Ihnen wichtig sind oder waren. Sie können an die Bedürftigen, Kranken und Benachteiligten denken und sie somit mit in Ihre Feier aufnehmen. Stimmen Sie anschließend „Oh du fröhliche" oder ein anderes Weihnachtslied an. Falls Ihnen das Singen nicht so liegt, können Sie natürlich auch eine CD verwenden.

männer und frauen
von heute
eine frohe botschaft
wartet euch
verkündet durch einen
gottverbundenen
himmelsboten
engel genannt

für die hörenden
für jene die vertrauend
fruchtbar werden
und in guter hoffnung
das neue leben
tragen
für das morgen

Wir grüßen dich Maria
du bist voll der Gnade
Gott ist mit dir
du bist gesegnet unter den Frauen
und gesegnet ist die Frucht deines Leibes
Jesus
den du in Bethlehem geboren hast
heilbringende Maria
Mutter Jesu bist du geworden
sei mit uns
jetzt und für alle Zeiten

Gott, du Lebendige, *stärke in mir die Hoffnung. Gott, du Lebendige, vertrauen möchte ich dem Leben. Gott, du Lebendige, möge Frieden werden in mir und in der Welt.*

ALLES HAT SEINE ZEIT

„Mei, Oma, schau!“ ruft meine zweijährige Enkelin mit leuchtenden Augen und voller Begeisterung. Wir stehen um Mitternacht am Fenster des Wohnzimmers. Es ist – Sie haben es bestimmt schon erraten – der letzte Tag des Jahres und gleichzeitig der Beginn des neuen, noch unberührten. Eine Rakete nach der anderen erleuchtet den dunklen Nachthimmel mit bunten Sternen, die scheinbar auf die Erde fallen.

Ich bin keine Freundin von Feuerwerken, lasse mich aber von der Freude und Begeisterung meiner Enkelin anstecken. Ich komme mit meiner ungestümen Freude in Kontakt, die uns ja alle von Geburt an begleitet. Mit meinen Gefühlen verbunden zu sein, mich selbst gut zu spüren, ist in diesem Fall ganz leicht. Bei Konflikten oder herausfordernden Situationen ist das nicht so einfach. Da greifen manchmal angelernte Verhaltensmuster wie Flucht oder Angriff. Zum einen, weil die Emotionen unangenehm sind. Zum anderen, weil das ursprüngliche Gefühl zumindest tabuisiert oder verboten war. So war es lange verpönt, öffentlich zu weinen. Auch heute noch verspüren viele Menschen Scham oder Wut, wenn die Tränen der Trauer über erlittenes Unrecht oder über eine verachtende Bemerkung fließen. Da gilt für manche die Devise: „Nichts wie weg“ oder „Angriff ist die beste Verteidigung“. Beide Aktionen verhindern, dass wir gut in Kontakt kommen mit uns selbst,

mit dem, was uns guttut, oder mit dem, was wir brauchen. So kann man sagen, dass unsere ungeliebten Gefühle wie eine Alarmanlage funktionieren. Sie machen sich bemerkbar und werden immer lauter und unangenehmer, wenn wir nicht reagieren, wenn wir sie verdrängen oder sie einfach nicht wahrhaben wollen.

Ich habe vor einigen Jahren eine Clownausbildung mitgemacht. Der Leiter hat uns immer wieder in Gefühle wie Scham oder Angst geführt mit dem Auftrag, uns mit diesen Emotionen ganz zu zeigen. Die spannende Entdeckung dabei möchte ich mit Ihnen teilen: Immer da, wo es gelungen ist, dem Gefühl Raum und Ausdruck zu geben, hat es sich beruhigt und letztlich verabschiedet. Da, wo es versteckt, verborgen und überspielt wurde, ist es immer größer und drängender geworden.

Im Buch Kohelet findet sich eine ähnliche Weisheit. „Windhauch, Windhauch, das ist alles Windhauch“ können wir am Beginn des Buches lesen. Der Verfasser Kohelet beschreibt darin die Flüchtigkeit des Lebens, doch nicht in einer depressiven Stimmung. Nein, ganz im Gegenteil, Kohelet ermutigt dazu, das Leben zu genießen, die Stunde, die uns geschenkt ist, ganz zu durchleben und damit Glück zu erfahren – im Wissen, dass nichts so bleibt, wie es ist. Der größte Schmerz und das größte Glück, all unsere Gefühle und Körperempfindungen kommen und vergehen. Nichts bleibt, wie es ist. Gerade in bedrängenden und schwierigen Lebenssituationen können Kohelets Worte Trost und Hoffnung geben. Gleichzeitig fordert uns das Buch auf, über den Sinn unseres Daseins nachzudenken und für das Geschenkte dankbar zu sein.

Im Kapitel 3 des Buches finden wir den bekanntesten Text, der mit den Worten beginnt: „Alles hat seine Stunde. Für jedes Geschehen unter dem Himmel gibt es eine bestimmte Zeit: eine Zeit zum Gebären und eine Zeit zum Sterben …“ (Kohelet 3,1–2). Ich mag diesen Text zum Jahreswechsel, weil er mich jedes Jahr neu ermutigt, das Kommende anzunehmen und jede Stunde so gut wie möglich und mit allen Sinnen zu durchleben.

IMPULS – JAHRESRÜCKBLICK

Nehmen Sie den Kalender des ausklingenden Jahres und die Fotosammlung auf Ihrem Handy zur Hand. Nun gehen Sie Woche für Woche durch.

Was war besonders schön?
Was hat mich herausgefordert?
Wo musste ich Abschied nehmen?
In welchen Situationen habe ich etwas Neues dazugelernt?
Wo habe ich eine unbeschwerte Zeit mit Freunden und Freundinnen erlebt?
Was hat sich gesellschaftlich und politisch im vergangenen Jahr getan?
Wofür möchte ich danken?

Schreiben Sie Ihre Entdeckungen auf ein Blatt Papier. Beginnen Sie mit dem Buch Kohelet: „Alles hat seine Stunde. Für jedes Geschehen unter dem Himmel gibt es eine bestimmte Zeit: eine Zeit zum …" und da setzen Sie nun Ihre Erfahrungen ein. Zum Beispiel: eine Zeit, um in Pension zu gehen, eine Zeit zum Umarmen oder eine Zeit zum Weinen usw. Lesen Sie Ihre Zeilen einige Male. Geben Sie dem vergangenen Jahr eine Überschrift. Sie können zum Abschluss einige Wortes des Dankes für das Vergangene formulieren.

das alte jahr
abgetragen wie ein liebgewonnenes kleid
zärtlich gleiten die finger
wehmütig über vergangenes
verblasste farben
erinnern an
so manche hoch-zeit
der geruch nach
sonne, meer und unbeschwerter liebe

da ein riss
hängen geblieben
am störrischen lebensast
ausgefranst
liebevoll glatt gestrichen
und unter tränen notdürftig zugenäht
an manchen stellen durchgewetzt und verbraucht
fast durchsichtig
das liebgewonnene kleid
sorgfältig zusammenfalten
und in der herzkammer verwahren
denn das neue unberührte kleid
wartet dir

erfüllt hat sich
das alte jahr
mit lachen weinen
singen tanzen
und auch klagen
erfüllt hat sich
das alte jahr
so mancher traum
so manche hoffnung
und auch das ungeplante
nahm sich raum
erfüllt hat sich

das alte jahr
und heute wartet
schon das neue
ergreif die stunde
die dir geschenkt
und lebe voll und ganz
damit erfüllt wird
deine zeit

Gott, du Lebendige, *schenke mir den Mut und die Aufmerksamkeit im kommenden Jahr so gut wie möglich im Augenblick zu leben.*

DANK

Dankbar bin ich für meine Lektorin Helene Daxecker-Okon, die mich zu diesem Buch „angestiftet“ hat und mich fachlich kompetent, klar und gleichzeitig so einfühlsam begleitet hat. Ein Dank gilt auch den vielen Menschen, die mit ihrer Lebenserfahrung und ihren mitgeteilten Freuden, Hoffnungen, Trauer und Ängsten an der Entstehung dieses Buches mitgewirkt haben. Dankbar bin ich allen Begleitern und Begleiterinnen in meinem Leben, meinen Eltern und ganz besonders meinem Volksschullehrer Karl Mayer, der mich gefördert hat. Ein großer Dank gilt meinen Freundinnen, die mich in der Schreibphase immer wieder ermutigt und unterstützt haben und den beiden Testlesern.

Und zuletzt danke ich für all die Möglichkeiten, die mir das Leben angeboten hat.

DIE AUTORIN

PETRA UNTERBERGER schreibt seit vielen Jahren religiöse Lyrik und engagiert sich für eine sensible Sprache in Spiritualität und Liturgie. Die Seelsorgerin begegnet in ihrer Arbeit vielen Menschen, die auf der Suche nach Sinn und einer ganzheitlichen christlichen Lebensgestaltung sind. Bis zu ihrer Pensionierung war sie Pastoralassistentin in der Diözese Innsbruck. Sie absolvierte Ausbildungen im systemischen Coaching, in der Lebens- und Sozialberatung, im Bibliolog sowie in der Tanz- und Bewegungstherapie.

Das Honorar der Autorin kommt Frauenprojekten zugute, die von der „Aktion Familienfasttag“, dem Hilfswerk der Katholischen Frauenbewegung Österreichs, unterstützt werden. www.teilen.at

QUELLENNACHWEISE

Sofern nicht anders angegeben: Alle Bibelverse entnommen aus: Einheitsübersetzung der Heiligen Schrift © 2016 Katholische Bibelanstalt GmbH, Stuttgart. Alle Rechte vorbehalten.

S. 137: Zitat aus: Monika Renz, Erlösung und Prägung, Junfermann 2017, 2. Aufl., S. 137.

S. 166: Psalm 23 entnommen aus: Dr. Ulrike Bail / Frank Crüsemann / Marlene Crüsemann (Hrsg.), Bibel in gerechter Sprache © 2006, Gütersloher Verlagshaus, Gütersloh, in der Penguin Random House Verlagsgruppe GmbH

Bilder:
Margit Alberti: S. 90; Michael Grössinger: S. 223; Bruno Moriggl: S. 18, 58, 62, 66, 73, 97, 119, 132, 141, 154, 173, 177, 188, 213, 217; Helmuth Mühlbacher: S. 93; pexels.com: S. 85, 148, 151; Albert Pichler: S. 161, 198, 203; pixabay.com: S. 27, 35, 43, 55, 106, 170, 185, 194; Elisabeth Rastbichler: S. 137; Anna Rosenberger: S. 39; Robert Schober: S. 80; shutterstock.com: S. 69, 77; Tyrolia: S. 129; Petra Unterberger: Umschlagbild, S. 14, 22, 32, 47, 51, 87, 101, 108, 111, 115, 124, 144, 158, 165, 181, 191, 205, 209–210.